結構式遊戲治療

接觸、遊戲與歷程回顧

五南圖書出版公司 印行

自序

　　自1999年開始投入遊戲治療專業領域，一轉眼也已經超過20年。2008年出版了第一本遊戲治療專書：《學校遊戲治療實務》後，細數這幾年學習與投入遊戲治療的點滴，更凸顯此本《結構式遊戲治療──接觸、遊戲與歷程回顧》的意義。

　　從此本書的內容可以看到筆者這20幾年來的學習與成長，更可以說是一個本土化、在地經驗的重整，例如在技巧面增加的進階技巧，其實就是這幾年累積下來的經驗體會彙整而成，診斷遊戲的圖卡編故事五階段也是不斷地修正實務經驗而建構，策略遊戲雖稱之為策略遊戲，但卻是非常強調要在概念化兒童之後，來滿足或符合兒童需求所設計的遊戲，同時也是落實結構式遊戲治療所強調的架構和儀式感活動。

　　這本書的出版就是一個見證，見證自己的學習與成長點滴，筆者知道書中內容還有很多疏漏不周延之處，但仍戮力撰寫就是為了將自己的經驗做一個系統地統整，因為筆者知道，若不下這番功夫，很多的學習體會就是存在自己的感受中、經驗中且是零散的！筆者很開心自己願意投入撰寫，也感謝這20幾年來一直給筆者支持和指導的林妙容教授，因為妙容老師的支持，筆者才有這個信心與勇氣撰寫，有了妙容老師的指導，才得以整理出這些內容。同時也要感謝結構式遊戲治療團隊的伙伴，這20幾年曾參與此團隊的有王怡蓉、王劭予、李伊淑、李雅真、官玉環、邱美綺、洪筱琦、洪麗晴、范晉維、高宛琳、張乃丰、張育德、張梅地、許家芬、陳玟如、劉秀菊、鍾易廷等好朋友，因為有你們的參與及鼓勵，才讓筆者有此動力一直寫下去，感謝大家。同時也要感謝五南圖書的支持與協助，就是這麼一句話：「有你們真好」。

目錄

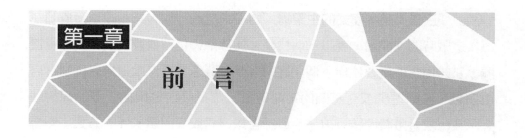

第一節　結構式遊戲治療架構介紹

一、結構式遊戲治療的特點

筆者根據多年的實務經驗及推廣遊戲治療的心得，提出一個很結構的遊戲治療模式，它是將每次的遊戲時間，很結構地以三個段落來進行，期待這結構式遊戲治療模式的架構及理念，能提供有興趣的實務工作者一個可以遵循的遊戲治療模式。在此特別介紹結構式遊戲治療的幾個特點。

1. 一個**時間限制（time limit）**的遊戲治療**模式**：結構式遊戲治療運用在學校時，其中的一個特點就是遊戲單元時間的開始與結束，是在遊戲治療一開始就可以做原則性的確定。由此可知「時間限制」或「時間的結構」是結構式遊戲治療的一個重要元素。其實當兒童都很清楚每次遊戲單元時間的開始與結束，同時也很清楚遊戲單元次數，此時「時間」元素很可能成為一個正向的治療因數。

2. 首要目標是給學生一個**正向獨特的陪伴經驗**：結構式遊戲治療的首要目標在於給兒童一個正向獨特的陪伴經驗。本書所介紹的結構式遊戲治療內容與架構，從第一次與兒童見面的布偶客體、每次遊戲過程的拍照、兒童作品的保存，到最後作成一本遊戲小書的過程，配合治療師的態度及技巧反應，就是在創造一個正向獨特的陪伴經驗。

3.「**三段**」**是本模式的主架構**：結構式遊戲治療的第一段是治療師在每次遊戲時間一開始，就以一個物件（通常都會是布偶或玩偶）與兒童**接觸**，它的理念就是要建構一個夠好的客體與關係。第二段是與兒童進行自由**遊戲**、診斷遊戲或有意圖的策略遊戲。第三段則是根據人際歷程的理念，在每次遊戲時間結束前，治療師會以口語或寫回饋卡片的方式，配合一些遊戲活動，回顧今天的整個遊戲單元歷程。然後在最後一次的遊戲單元，將整個遊戲治療過程製作成遊戲小書或影音的電子檔，和兒童、老師或父母進行整學期**遊戲歷程的回顧**。

由上可知，結構式遊戲治療就是在每一次的遊戲時間，很結構的以三個段落來進行，這個「三段」不是平均分配遊戲時間，在實務進行過程時，通常是以第二段為最久，第一、三段的時間可能會因為兒童的特質、年齡或兒童議題等因素而有差異。各位讀者會隨著實務經驗的增加，而越來越了解及自在的運用此三段的概念，以下先就此三段的架構做一簡要說明。

二、結構式遊戲治療架構

在進行結構式遊戲治療之前，首先得先了解結構式遊戲治療的進行架構、治療師的態度以及結構式遊戲治療的理念基礎，才能有效的進行結構式遊戲治療。首先，先來介紹結構式遊戲治療的基本架構，本治療模式的架構將治療操作分成三個不同的階段進行介入，是一個三段式介入的遊戲治療模式，分別為正向接觸的開始、遊戲與歷程回顧。

(一) 第一段──正向接觸的開始

正向接觸的開始：當運用結構式遊戲治療作為介入的模式時，治療的首要目標是建構一個正向獨特的陪伴經驗，正向獨特的陪伴經驗奠基於治療師能與兒童建立好的關係。關係的建立是遊戲治療成功最關鍵的因素，

一個好的遊戲治療關係才有可能帶來兒童的轉變。好的關係意味著治療師能提供一個穩定、一致、溫暖與滋養的陪伴，而在結構式遊戲治療中的治療師不僅要與兒童建立好的關係，重要的是在這個階段會協助兒童與布偶建立關係。也就是治療師會在此階段開始運用布偶客體與兒童互動，運用布偶客體的目的在於能減緩兒童參與治療時緊張的心情，也能增加治療時的趣味性，可以增進兒童一開始投入遊戲治療的意願，因此在此階段所描述的正向接觸的開始，意味著兒童與治療師及布偶三方，皆須進行正向的接觸與互動，爲了是要建構正向獨特陪伴的經驗。

結構式遊戲治療的第一段就是建構每次與兒童的見面，都是從正向的接觸開始。建議運用兒童喜歡的布偶、手偶或模型，來與兒童建立正向關係。運用布偶、手偶或模型的目的有四：

1. 這些物件具有降低兒童緊張、焦慮情緒的效果，有助於關係的建立。

2. 這些物件於每次遊戲時間都出現，就是在爲建構正向客體奠定基礎（詳細說明請參閱第六章一節過渡客體的內容）。

3. 運用這些物件進行初始晤談（intake），可以使初始晤談更具趣味性，有助於兒童接受遊戲治療的意願。

4. 正向接觸開始除了包含建構正向關係的互動之外，時間結構與治療過程的結構化也相當重要，因爲結構化能提供給兒童可預測性、一致性及穩定性的因數，此也包含在建構正向接觸開始階段的目標之一。

> **小結**：正向接觸的關鍵目標與主要內容。
>
> **目標**： 1. 建立正向的關係
>
> 　　　　 2. 建構一個夠好的客體
>
> 　　　　 3. 建構明確的時間界線
>
> **主要內容**： 1. 運用布偶與兒童互動。
>
> 　　　　　 2. 結構整個結構式遊戲治療的時間界線與期程。

(二) 第二段──整個模式的主體：遊戲

　　第二階段為遊戲，在結構式遊戲治療裡的介入方式，分為自由遊戲、診斷遊戲與策略遊戲，三種遊戲的形式不一定在每個個案治療歷程中皆會出現，而是治療師根據兒童的問題與狀態進行評估了解後，才決定使用何種遊戲進行介入。關於自由遊戲的概念，其源自於兒童中心遊戲治療的理念，在結構式遊戲治療中的自由遊戲態度、操作上與兒童中心遊戲治療的自由遊戲相同（鄭如安，2008）。不同的是結構式遊戲治療將自由遊戲的介入視為一種選項，也就是治療師進行遊戲治療時不一定都直接進入自由遊戲，而是治療師可以根據對兒童的理解，以評估是否在當次讓兒童進行自由遊戲，以及決定單次療程裡進行自由遊戲的長短。如果治療師評估不進行自由遊戲或者決定縮短自由遊戲的時間，那麼就改選擇進行診斷遊戲或策略遊戲，端看治療師、治療歷程與兒童的狀況來決定。

　　因此除了自由遊戲的選擇之外，治療師可以選擇以診斷或策略遊戲進行介入，三者遊戲的性質不同，主要在於治療師運用的治療意圖不同。診斷遊戲與策略遊戲較自由遊戲多了許多治療師介入的意圖。然而其實每一種遊戲的介入都具有診斷與策略的功能，差別在於介入的當下治療師個人進行遊戲介入時要達成何種主要目的，大體上我們可以說治療師的意圖決定了遊戲的性質是診斷式或策略式的遊戲，也就是說當今天治療師想運用

遊戲來蒐集資料，以對兒童有更多的理解，那麼遊戲就會能被稱作是診斷式遊戲，而如果治療師想運用遊戲針對兒童的問題進行處遇，那運用的遊戲就能被稱為策略式遊戲，因此每個遊戲它都有可能同時擁有診斷和策略的功能，端看治療師當下的意圖為何。另外隨著治療歷程的改變，治療師的意圖也會有所不同，例如當下運用的診斷遊戲可能下一秒就會被運用成策略遊戲。所以診斷和策略式遊戲並沒有明顯的分野，而是以治療師當下的意圖為標準。如果要分類進行介紹，只能單純的描述兩類在功能上的差異，一般而言運用診斷遊戲的主要目的就是進行診斷、蒐集資料，治療師意圖能透過此遊戲蒐集兒童更多具體的資料，以對兒童有更多的理解，而運用策略遊戲的主要目的則是針對個案的問題，予以設計治療性的處遇，協助案主進行改變。

關於遊戲階段該如何進行，取決於治療師個人對兒童的評估程度以及自己的處遇計畫，在整個遊戲階段的過程中有可能只有自由遊戲的構成，也有可能將遊戲的時間進行切割分配，例如先進行診斷遊戲再進行自由遊戲，或者先進行診斷遊戲再進行策略遊戲。通常就是由三種遊戲單一出現或搭配出現構成單次遊戲的歷程，那我們如何決定三種遊戲運用的時機呢？以下我們將三種遊戲運用於結構式遊戲治療的介入時機加以介紹：

1. 自由遊戲

顧名思義就是由兒童自行決定遊戲的內容及進行方式，兒童可以完全的當家作主，即使在自由遊戲時間，兒童選擇不玩也是被接受的！由此可知，自由遊戲的一個重要精神就是尊重及接納兒童的選擇（後面章節會進一步詳細介紹）。

(1)當治療師評估兒童進行自由遊戲就可以得到很大的幫助，那當然就只需進行自由遊戲，不是一定要進行診斷遊戲或策略遊戲，例如一個屬於較拘謹緊的兒童，自由遊戲的特性能協助此類兒童放鬆並且有更多自我

決定的機會，我們就可以優先透過自由遊戲進行協助此兒童，當治療師評估僅進行自由遊戲就可以幫助到兒童時，就鼓勵以自由遊戲爲主。

(2)對個案議題尚未有清楚的了解或兒童是有很深的內在議題時，此時自由遊戲有其重要性，因爲自由遊戲就像一張白紙，治療師緊緊的跟隨、反映，沒有太多治療師的意圖或介入，這種接納與尊重的氛圍，更能夠讓兒童透過自由地玩反映出自己的狀況，同時其內在議題也有可能透過「玩」獲得展現與修復的機會。

小結：自由遊戲的目標與主要內容。

目標：1. 透過遊戲協助兒童統整其內在。

2. 透過遊戲讓兒童感受到自身能力。

3. 建構尊重接納治療氛圍。

主要內容：1. 遊戲室中進行自由遊戲。

2. 治療師準備遊戲袋，進行自由遊戲。

3. 提供表達性媒材進行自由遊戲。

---

2. 診斷遊戲

結構式遊戲治療的診斷遊戲，是指有明顯意圖要蒐集有關兒童在家庭、學校或個人自我的相關資料而設計的遊戲活動。治療師除了透過自由遊戲的主題、內容及進行方式的分析，可以蒐集到許多有關兒童特質、生活經驗及不適應行爲的資料外，也可以透過語句完成測驗、圖片編故事和擺設動物家庭等三種活動，協助評估及診斷兒童的行爲。其中的語句完成測驗類似兒童國語習作的造句練習，圖片編故事及擺設動物家庭活動，都類似與兒童的看圖說故事練習，由此可知，此處所介紹的這三種活動，對兒童及治療師都不會太陌生，在實施過程應該不會太困難。

　　(1)當治療師對兒童議題尚未掌握時可運用，意思是治療師對兒童議題尚未了解，想藉此蒐集更多的資料，以了解兒童

　　(2)當治療師想從兒童的角度了解他們的內在表徵世界時可運用，有時治療師已經透過系統先對兒童有一定的認識，如學校或家庭，但兒童對問題的感覺與認識可能和系統非常不同，此時治療師可透過診斷遊戲了解、貼近兒童，理解兒童如何看待自己的問題或生活中的事件

小結：診斷遊戲的目標與主要內容。

目標：1. 透過遊戲了解兒童的特性。

　　　　2. 透過遊戲了解兒童不適應行為的根源。

主要內容：1. 語句完成測驗。

　　　　　　2. 圖片編故事。

　　　　　　3. 擺設動物家庭。

3.策略遊戲

　　在自由遊戲與診斷遊戲之外，當治療師對兒童有更多的了解之後，是可以開始進行一些有意圖的策略遊戲，正確地運用有意圖的策略遊戲，會使得遊戲治療的效果更明顯及快速。本書所介紹的有意圖的策略遊戲，是根據下述架構對兒童的行為進行診斷了解之後設計。

　　在此根據兩個軸來設計遊戲的內容，橫軸是兒童的外顯行為向度，將其分為緊V.S.鬆；縱軸是兒童外顯行為背後的需求，將其分為親密需求V.S.權力需求。

　　縱軸與橫軸交錯就形成四個象限，不同象限代表不同類型的兒童，分別稱為「王妃公主型」、「孫悟空型」、「孤雛淚型」和「含羞草型」，如下圖。根據這個架構來了解兒童的行為，進而設計適切的遊戲介入，就稱為有意圖的策略遊戲。

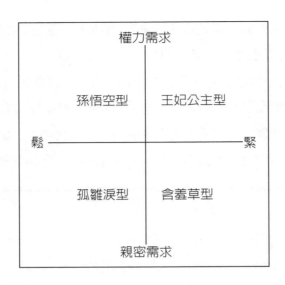

權力需求

孫悟空型　　王妃公主型

鬆 ——————————— 緊

孤雛淚型　　含羞草型

親密需求

(1)對兒童個別問題有明確及充足的認識時會運用策略遊戲，亦即對兒童的問題脈絡有清楚的了解後，就能針對兒童的議題，運用設計過的遊戲進行有意圖的介入。

(2)由於策略遊戲帶有治療師個人的意圖，兒童進行時也需要充分的投入，才能有治療效果，因此，我們期待在兒童不會抗拒、焦慮或壓力的氛圍下，進行策略遊戲會更有療效。

小結：策略遊戲的目標與主要內容。

目標：1. 透過有意圖的策略遊戲的介入，協助兒童能有更適應其生活情境。

2. 透過有意圖的策略遊戲的介入，協助兒童解決其個人問題。

主要內容：根據橫軸為緊v.s.鬆；縱軸為親密需求v.s.權力需求，而畫出四個象限的類別，根據這四個個類別的特性設計有意圖的遊戲。

　　上述我們提供三種遊戲介入的衡量標準的建議，不同風格的治療師以及面對不同問題的兒童，對於三種遊戲的運用與時間的分配都不盡相同，我們仍然建議要視治療的整體條件決定，當然無論運用何種遊戲型態進行介入，治療師都應該保持兒童中心遊戲治療的精神與態度，接納、等候並尊重兒童的意願與改變。

(三) 第三段——結束儀式及歷程回顧

　　助人過程其實就是一個人際互動的過程，人際歷程理論強調遊戲治療的過程，就是在為兒童建構一個正向的矯正性情緒經驗。前面提及結構式遊戲治療的首要目標，就是要給兒童一個正向獨特的陪伴經驗。為落實這樣的理念於結構式遊戲治療，第三個段落的主要內容就是進行每次遊戲單元過程的回顧與回饋，結構式遊戲治療特別要將這個回顧與回饋建構成一個結束的儀式。這樣的儀式對兒童而言能創造一個穩定的架構，使兒童能提高掌控感、穩定感，並且進行歷程回顧時能協助兒童統整今天進行的遊戲，也能讓兒童知道治療師對於兒童遊戲的關注與跟隨。此外建構這樣一個時段，讓治療師給予兒童具體、正向的回饋，反映治療師對兒童能力、改變的看見，以及進行類似束口袋、遊戲小書這樣的活動，讓兒童感受到被滋養、被撫育，目標都是要讓兒童帶著正向且印象深刻的回憶與經驗結束治療。為使得每次的回顧及整個遊戲治療歷程的回顧，更能凸顯出獨特的陪伴經驗，建議要為兒童的作品、遊戲過程拍照、命名，最後製作成遊戲小書或影片來回顧。

> **小結**：結束儀式及歷程回顧目標與主要內容。
>
> **目標**：1. 透過每次遊戲歷程的回顧與回饋，提供正向的矯正性情緒
> 經驗。
>
> 　　　　2. 透過整個遊戲歷程的回顧與回饋，提升兒童自我概念。
>
> **主要內容**：1. 透過客體回顧當次遊戲單元歷程。
>
> 　　　　　　2. 為作品命名、拍照。
>
> 　　　　　　3. 運用遊戲小書或遊戲歷程影片回顧整個遊戲治療歷程。

第二節　推動結構式遊戲治療之行政準備

所謂「功欲善其身，必先利其器」，今天要治療師能發揮其效能，有以下幾點是需先規劃及安排妥善的，讓遊戲治療過程中更順暢。本小節所提到要準備的物件或設施，全都是配合本書所介紹之結構式遊戲治療的架構。

一、協助取得家長同意書

兒童的受教權是必須充分的予以尊重，同時也必須充分的將訊息告知家長，取得家長的了解與合作，才能使得認輔工作更落實。因此，與家長聯繫及取得家長同意書，是相當重要的事前準備工作。但在要取得家長的同意前，我們必須了解家長們可能有的擔心：

1. 我的兒童會不會被標籤化？

2. 你們會用什麼方式進行？

3. 我的兒童是不是有問題啊？

　　因此，在同意書的內容可能就要有解答這些疑惑的內容。本文最後附上一篇家長同意書的示例供讀者參考。

二、協助遊戲時間與空間的規劃與安排

　　在充分尊重兒童及取得家長同意的前提下，面對兒童個案遊戲治療的推展上還有一個需克服的困境，就是有關遊戲時間及空間的安排。雖然有許多人認為，任何一個能坐人的角落都是可以進行遊戲治療的地方，筆者不完全反對此說法，但不同意因此而沒有規劃適當的空間，尤其今天若是要進行結構式遊戲治療，那就更應該有個適當的遊戲室空間。

　　固定而有規律的遊戲時間是遊戲治療要能有效的重要條件，在親子遊戲治療中，稱此為親子每週一次的特別時間。同樣的道理，治療師也要和兒童規劃一個每週一次的遊戲時間。但在許多單位進行遊戲治療時，可以運用的時間與空間（尤其是遊戲室空間）有限，若同時有兩位以上的治療師在同一時間進行遊戲治療時，遊戲室或個別晤談室的運用就會有所衝突，因此，要能協調各個治療師的時間、空間，以利他們規劃固定的時間與空間進行遊戲治療。

三、遊戲室的建構及各種玩具物件的購置

　　建構一間遊戲室，應是有服務兒童個案的相關單位推展遊戲治療工作的重點之一，一間設備完善的遊戲室具有降低兒童緊張、焦慮與抗拒的功能，這也是給治療師們一個具體有效的協助。筆者在實務工作中，常看到兒童進到遊戲室後，都是充滿驚訝與驚喜，常聽到他們會有如下的反應：

　　「這裡怎麼會有那麼多玩具？」
　　「小朋友都可以進來這邊玩嗎？」

「我家也有很多玩具。」

「這是什麼啊？」

「我下次還可以來這邊玩嗎？」

　　若機構單位受限於空間或經費的限制，無法馬上建構遊戲室時，至少要添購各種玩具，協助治療師建構屬於他們風格與特色的遊戲袋或遊戲箱。

四、布偶之選購

　　本書所介紹的結構式遊戲治療內容，常需要許多如玩偶、布偶、像名片般大小的回饋卡和可以蒐集兒童作品物件的盒子等。各遊戲治療中心或相關單位理當協助治療師準備這些物品，以利治療師進行遊戲治療。在此就提出布偶選擇的幾個原則，以供參考：

　　1.會被兒童喜歡為最高指導原則：因為布偶的運用目的之一，就是要在和兒童第一次見面時，透過布偶降低兒童的焦慮、緊張或抗拒。通常像坊間所販賣的泰迪熊、可愛的動物布偶都很適合。

兩隻可愛的小熊緊緊的相互擁抱在一起，是親情、友情……，總之，就是一種接納的象徵。

2.建議以溫暖的材質製作的，如絨布、拼布等，因爲我們在遊戲治療過程，可以運用這些布偶和兒童有適切的身體接觸，有些兒童還會將這些布偶抱在懷裡或貼在臉頰上，這些過程與接觸，其實都是在協助建構一個溫暖的遊戲治療關係。

戴著聖誕帽的泰迪熊，可愛討喜又具有平安喜樂的象徵。

3.布偶的種類要多元：因應兒童可能因年齡、性別、成長經驗等因素，使得每位兒童喜歡的布偶會有所不同，因此建議要準備比較多元的布偶。

這是象徵著醫生的物件，又有天使的翅膀、有趣的表情，是很令兒童喜愛的物件。

絨布的小狗布偶，慵懶的趴著，整個表情及型態是非常討喜的惹人愛憐的。

一個笑臉又可以擁在懷裡的抱枕，讓兒童充分滿足被擁抱的親密需求。

很具質感又可愛的大麥町小狗家族，也深受兒童喜愛。

　　4.具有象徵或投射功能的布偶：兒童在遊戲治療過程中，以投射或象徵的形式表達內在的情感或感受，可能會比其以口語的表達要更會心、更傳神。例如下圖中的一大一小的小狗。這樣的布偶在兒童眼中象徵著何種意義，就很有探索的價值。另外像慢性病童、唇顎裂等需長期進出醫院的兒童，此時像醫生、護士造型的玩偶對他們就很有象徵的功能。

一隻小狗趴在大夠的背上，像極了是母子、父子間的親暱互動，給兒童表達內心需求或感受的機會。

　　過去曾有一位小朋友在遊戲治療過程中，提及過世的母親時，表達母親就像天上的星星。因此當筆者帶著一個星星圖案的抱枕到遊戲室時，兒童的表情及感動是筆墨難以形容的。

一個象徵過世母親的星星抱枕，將此抱枕抱在懷裡時，相信內心一定有很多觸動。

五、協助治療師建構一個自己的遊戲袋裝備

筆者在這幾年推動結構式遊戲治療的過程中，有一個很深刻的體驗，就是我們不可能等到機構單位建構一個完整的遊戲室後才進行遊戲治療。因此很鼓勵治療師自行建構一個屬於自己風格與特色的遊戲袋。機構單位也應盡量在治療師的遊戲袋的準備上多予以協助。其中最具體的幫助就是採購他各治療師們需要的物件、媒材。

本書也在從遊戲空間的概念談遊戲袋及遊戲室的建構一文中，有建議遊戲袋的內容，讀者可以加以參考購置。同時，也建議購置落地櫥櫃或公文櫃，用來放置治療師遊戲治療過程需要的顏料、黏土、物件等物品。同時也包含二十到三十個可拉出推進的抽屜，用來放置兒童的作品。另外也鼓勵買一些盒子，可以讓兒童裝自己的小物件或作品。

六、視聽設備的準備

結構式遊戲治療的結案就是希望每位治療師都能將整個遊戲治療過程，製作成一本遊戲小書與兒童一起回顧。因此，治療師在結構式遊戲治療的過程，除了將兒童的作品拍攝下來之外，也要將遊戲活動的過程拍照，這些資料就可以成為製作遊戲小書回顧時的素材。為協助治療師能將遊戲過程拍成相片，建議遊戲治療室至少準備好一台數位照相機，讓治療師可以隨時將陪伴兒童的遊戲過程照相，若能有錄影錄音的設備則更理想。

家長同意書範例

您好：

　　我是　　　單位的負責人（主任），我的名字叫　　　，我們單位設立的宗旨之一就是協助兒童適應他目前在家庭、學校或社區的生活，解決他的困擾，讓他能過的更自在、更快樂。我相信每個兒童都有他的能力與優點，所以，我很願意來了解他們、幫助他們。但這樣的工作光靠一個人是無法完成的，因此本單位邀請了具專業、愛心及熱情的治療師，由他們透過玩具及遊戲來進行一對一的陪伴。

　　您可以先來到我們單位了解我們的作法與相關設施，也期待能和你及貴子弟做比較多次的接觸，以便能讓我們相互了解，進而能在未來對你的家庭及貴子弟有更多的幫忙，我們的一個立場是能對兒童有幫助的，我們都盡量去做。在這過程是一對一且保密的，因此不用擔心兒童會被貼上所謂的「標籤」。總之，我們一定是以貴子弟的利益為最優先的考量。但在這過程我們也需要你在這過程中，和我們一起合作，提供必要的幫忙，如接受我們的訪談，填相關資料表。希望你會同意，讓我們一起為我們的子弟、兒童努力。

　　若你同意，請將回條填寫完畢，以信封裝妥交給我們單位的任何一人或本人。更歡迎你和我們預約時間見面。

回　　　條

本人　　　　同意子弟　　　　　接受晤談。

可以預約見面的時間為：1. 星期　　，　點～　點（不限上課時間）
　　　　　　　　　　　　2. 星期　　，　點～　點（不限上課時間）
　　　　　　　　　　　　3. 星期　　，　點～　點（不限上課時間）

您的意見：

聯絡方式：

第三節　從遊戲空間的概念談遊戲袋及遊戲室的建構

在本章第三節提及，不可能等到每個機構導單位都設置了一間標準的遊戲室之後，才開始推動結構式遊戲治療。但是在沒有一間標準的遊戲室之前，治療師要如何運用教室的一個角落或個別的晤談室，甚至僅是在一張A4白紙大的圖畫紙上進行結構式遊戲治療呢？在此先介紹遊戲空間的概念，然後再介紹遊戲室設計的原則及遊戲袋的內容。

一、遊戲空間的概念

當治療師和兒童相遇，並且開始進行結構式遊戲治療時，兩人之間產生了兩個空間，一個是物理的空間（遊戲室和玩具），另一個則是心理的空間（兒童主觀世界所在）。兒童將他們的內在意圖放到遊戲中時，就定義出他們的遊戲空間。例如他今天想畫圖，此時此刻的遊戲空間就是在那一張圖畫紙上，這是屬於兒童主觀的遊戲空間。這主觀的遊戲空間是兒童經驗的再呈現、感受經驗、反應經驗、重新整理內在經驗和學習新的解決方法的舞臺，在這空間兒童是導演也是主角，治療師只是一個專心的觀眾（Cattanach, 1992）。

兒童主觀的遊戲空間是在讓兒童覺得有足夠的安全感、明確的界線（物理空間）之下才有可能形成的。所以，遊戲場地的選擇重點不是在是否有一間豪華的遊戲室，而是在能否提供適當的條件，讓兒童建構他內在主觀的遊戲空間。根據上述的概念，提出幾個遊戲場地選擇的原則和具體內容，最後則提出一間標準遊戲室的設置要件。

二、遊戲場地的選擇

筆者認為除了遊戲室之外，教室一角、辦公室的角落……，都可能是進行結構式遊戲治療的地方，但有幾個原則要把握：

1. **明確的界限**：遊戲場地的範圍是很明確的，是能讓兒童具體感受到的，例如教室的一角，可能用桌椅或書櫃圍起來。有時我們也會在兒童的圖畫紙上利用有顏色的筆框起來，這也是一種界線的象徵。

2. **自由選擇**：自由選擇是兒童中心遊戲治療的基本態度，兒童遊戲的心理空間是一種很主觀的感受。所以，在有很明確界線界定之下，容許兒童自由選擇的。例如，我們為兒童準備的圖畫紙，但兒童選擇畫在壁報紙或色紙上；在遊戲空間的界線內，兒童躲在桌子底下或櫃子內等，都是被容許的。

3. **不被干擾**：這是遊戲治療進行的一項基本要求。除了避免人的干擾外，電話、操場和走廊的嬉戲聲等都需盡量避免。

4. **一致性**：指的是在空間、場地的選擇要一致，不要經常更換，若是每次進行遊戲治療前都有刻意的安排，例如移動桌椅或鋪地毯等，則每次的遊療環境都應一致。

5. **夠安全**：除了是設施上的安全無虞之外，更重要的是給兒童一種心理上的安全感。Cattanach（1992）就利用一塊長寬為4英尺×6英吋×5英尺的藍色毯子，做為一種象徵，在每次遊療的開始就打開，結束時則折好收起來，這是治療師和兒童共同分享的一個空間，他們一起賦予這塊毯子一種安全的象徵意義。

從上述的五點原則，可以說明遊戲場地的選擇，治療師是可以發揮創造力和兒童一起來建構的，它可能是在房間的一角、一塊地毯上、桌子底下、大的紙箱中或就是在一張圖畫紙上。

三、遊戲室設計要件

　　一間專門且適當的遊戲室確是實施遊戲治療的有利條件。根據何長珠（民87）指出，遊戲室的位置宜安靜、不被打擾、不打擾別人的場所，盡量不要與辦公室相連（隔壁）或相通（有門可通）。至於場地的大小則是約3.5公尺×4.5公尺，也就是14～18平方公尺的範圍。若需要容納3～5個小孩時，注意不要太大（勿超過30平方公尺）。此外，一間遊戲室的設計尚須考慮以下幾點（何長珠，1998）：

　　1.隱私但明亮，隔音效果佳。

　　2.建議地板採用塑膠塊毯，或是容易清洗的乙烯塑膠方塊地板是較理想的。

　　3.遊戲的牆壁應該用可洗性塗料粉刷，易清潔是一個主要的考慮，乳白等中色系爲佳。

　　4.要能避免擴音、廣播的干擾。

　　5.建議能有適合兒童高度的水槽，並有供水的設備。

　　6.可以以開放式的櫥櫃設計，擺放各種玩具及物件。

　　7.建議所有玩具、物件都以站立排列方式呈現，勿以將玩具放入籃子的方式擺設。

　　8.如果經費允許，可以加裝一個單面鏡及隱藏式攝影機和麥克風。

　　9.所有櫃子的高度宜配合兒童的身高，建議最高的一層櫃面不應超過90公分。

四、遊戲室玩具的選擇

　　遊戲是兒童的語言，玩具是兒童的字彙。所以要盡量提供足夠的玩具讓兒童能充分的表達。是故，玩具的選擇是非常重要的，用來做遊戲治療的玩具要不易損毀、能激發兒童投射力等特性，若以種類來分，大致可以

分成三類（葉貞屏，民87）：

1. **擬實物類**：玩具的外型若能與兒童生活中的人、事、物類似，兒童將可以較容易地投入遊戲中，例如像洋娃娃（身體軟軟的）、娃娃家、娃娃家的傢俱、塑膠奶瓶、家家酒的器具、電話、飛機及車子（各種類型都可）等。

2. **發洩情緒類**：手銬可以自動跳起來就開了的較適合，不要用那種需要用鑰匙才能打開的，免得兒童打不開體尷尬的，玩具槍、軍人、敲打台和橡膠刀等都是很好的選擇。

3. **投射內心世界類**：例如像粉蠟筆、報紙、剪刀、黏土、手掌型布偶、面具、沙、球、各類畫具及繪畫材料等。盡量避免科技型玩具如電腦、電視遊樂器、電動玩具等，因這些玩具抑制了兒童內心世界的流露和表達。

以上的玩具，若有任何損毀，應立即替換，以免妨礙兒童遊戲的進行。

另外何長珠（1998）則將遊戲治療的媒體分成布偶類、娃娃屋、繪畫類、積木、水與黏土和沙箱等六類。

五、玩具擺放的原則

玩具擺設應放在兒童拿得到的架子上，開放式的空間，使兒童可以一覽無遺，可以主動選擇適合表達用的材料，治療師應時常檢查玩具是否完整，拿掉破損的玩具，將房間恢復原樣，以免前一個兒童的遊戲影響後面進來的兒童。以下是玩具擺放的原則：

1. **一目了然**：盡量讓兒童可以看到所有的玩具，不會有的被遮住或不易被兒童發現。

2. **打開、歡迎使用**：即新的玩具必須事先被拆封打開了，若是蠟筆、

水彩等有盒子的東西，可事先將盒子打開，表達出一種歡迎兒童使用的訊息。

3. **玩具以類別分區呈列。**

4. **一致性**：玩具的擺設要在固定地方，即使不是在遊戲室進行，玩具的種類也應盡量前後一致。

5. **安全性**：選擇的玩具要考量兒童使用時的安全問題。

6. **更換損壞的玩具**：遊療結束時應檢查損壞掉的玩具，即時更新。

六、遊戲角或遊戲袋玩具

遊戲袋玩具是因應沒有遊戲室的情況下，治療師將玩具裝在一個袋子，然後到選定的地方進行結構式遊戲治療，遊戲單元結束再將其收進遊戲袋。所以遊戲袋的玩具不比遊戲室中的玩具豐富。基本上會建議有下列幾類玩具：

1. **家庭、撫育、擬實物類**：娃娃家族（父、母、子、女、嬰兒各一）、娃娃屋、動物家庭（至少兩種家畜類、兩種野生類）、茶具組（至少兩人份）、奶嘴、奶瓶、絨布偶。

2. **恐怖、邪惡類**：蛇、恐龍、鯊魚、昆蟲等。

3. **攻擊、情緒發洩類**：可發射軟子彈的玩具槍、軟質塑膠刀劍、手銬、軟質球、童軍繩。

4. **創造、表達類**：紙、八色彩色紙、鈍頭剪刀、膠水、色紙、黏土、膠帶。

5. **扮演類**：醫藥箱、交通工具（救護車、警車、工程類車、垃圾車、家用車、校車、直昇機等）、電話、積木（易於堆砌及摧毀的類型）、手掌布偶（最好是有攻擊性動物可張口者）。

6. **其他**：組合型創造玩具、棋類玩具。

遊戲袋的玩具不見得需要上述的每一樣，但應涵蓋各大項。

有些學校老師常會在教室後面設置一個遊戲角，或治療師是到兒童家中進行到宅的遊戲治療時，有時也會在家中的一個角落設置一個遊戲角，遊戲角也會擺設一些玩具、繪本。治療師若是利用遊戲角與兒童進行遊戲時，建議不要只使用遊戲角現成的玩具，還是要準備一個完善的遊戲袋，可以讓兒童同時選擇遊戲角和遊戲袋的玩具，遊戲時間結束之後，治療師就將遊戲袋的玩具帶走。這樣的一個動作就是在宣示，我們的玩具除了提供遊戲與玩的功能之外，它是屬於**治療師與兒童互動、表達的字彙與語言**，有些玩具或布偶在遊戲過程被「命名」了，被賦予特別的象徵了，這些玩具就有了個別的意義，即使是與日常生活中的其他玩具相同，但在遊戲袋（或遊戲室）中的玩具是有其個別象徵及意義的。就好像遊戲室中的玩具，兒童家裡可能也有，但在遊戲室中的玩具和家中的玩具是有不同意義的。

第二章

結構式遊戲的理念基礎

結構式遊戲治療是一個折衷整合的治療模式，此模式為融合兒童中心遊戲治療、客體關係理論、敘事治療、人際歷程取向治療等學派，透過融合上述學派的理念與技術來因應複雜變化的個案問題。

就整個人生發展階段來看，兒童的生理、心理都尚未完全成熟，尤其兒童的認知理解、邏輯思考及口語表達等能力都還處於發展階段，也因為如此，遊戲治療實務就不可能像成人個案般的僅以口語互動為主。若在為兒童進行諮商、遊戲治療的過程都以口語為主，並未運用到任何物件、媒材或玩具，那是很令人懷疑是否懂得兒童諮商或遊戲治療。因此，不管治療師是採取何種取向或學派，只要面對的個案是兒童，一定會運用具體的物件、媒材來協助。此時在以兒童中心學派的精神、態度，緊密專注地跟隨兒童，透過遊戲與兒童互動，透過遊戲進入兒童內在主觀世界，這樣的過程就會是非常有治療效果，這樣的態度也是兒童中心學派遊戲治療的具體展現。

遊戲在兒童遊戲治療過程中是重要的活動，但兒童的遊戲內容常是不符合「客觀的真實世界」，甚至很多內容是虛幻的、荒謬的，故遊戲治療不強調遊戲內容是否客觀真實，而**強調兒童表達的主觀感受**，這是敘說治療的一個特色，因此，結構式遊戲治療也運用敘說治療（narrative therapy）的許多觀點及技巧於結構式遊戲治療中。

遊戲過程對許多兒童是既興奮又期待的經驗，怎麼會有一個大人準備了一間如此多玩具的遊戲室（或是帶著許多玩具），讓我在這邊玩，而且

不會給我很多限制！這對於一個有困擾或適應不良的兒童而言，眞的會是一個很特殊的經驗。在每次遊戲單元結束前，以「過程評論」的方式，帶著兒童回顧今天的遊戲過程，在結構式遊戲治療結案時，將整個遊戲過程編撰成一本「小書」來進行整個遊戲歷程的回顧。上述這樣的過程，就如同人際歷程理論（interpersonal process）強調運用治療師與兒童關係的建立，讓兒童「重新經驗」新的人際互動，並運用「過程評論」的方式，促進兒童覺察到新的經驗。

　　諮商專業工作者一致同意，關係是影響諮商成效的重要因數，根據多年的兒童實務經驗，感受到與兒童的關係建立仍是有別於與成人或青少年。例如以食物、糖果做爲與兒童建立關係的媒介，可能就是有別於其他的族群，而這個食物、糖果就只是一個可以吃的東西嗎？筆者認爲它的內涵，就像是成人間的握手、青少年的互拍肩膀！是一個表達友善與接納的象徵，更具有滋養撫育的功能。正向健康的滋養撫育是建構兒童安全依附的重要內涵之一，因此，結構式遊戲治療運用依附關係的理念來促進和兒童的關係建立過程。

第一節　結構式遊戲治療與兒童中心遊戲治療

　　如果想了解結構式遊戲治療的精神，首先必須先從兒童中心的理念、精神出發，結構式遊戲治療雖然被稱作「結構」，但仍然是一個以兒童爲主的治療模式，強調Landreth（2012）所描述之建立一個可以提供兒童正向成長經驗的關係，讓兒童能在這層關係下感到被了解、支持與接納，使兒童能發展內在自我指導的力量去追求自我實現。結構式遊戲治療承襲了兒童中心的思想，也重視治療師要對兒童展現眞誠、接納與欣賞的態度，認爲這樣的精神是進行一切治療的基礎，這意味著進行結構式遊戲治療

時，不僅態度上與兒童中心遊戲治療的治療師一致，在口語反映上也大致相同，或許有人會有疑問，難道在進行「非自由遊戲」的介入時也都一樣嗎？沒錯！相對於兒童中心遊戲治療的自由遊戲，結構式遊戲治療多出許多「有意圖」的結構性遊戲，但無論進行何種遊戲，治療師的態度都是秉持兒童中心遊戲治療精神與理念，結構式遊戲治療也非常重視兒童的自主性，並且相信兒童的潛力，以及尊重兒童本身的狀態，因此就算進行「非自由遊戲」的遊戲，仍帶著進行自由遊戲的態度與精神，跟隨兒童、反映兒童當下的狀態。因此結構式遊戲治療，仍然是以兒童中心的精神與理念貫徹在整體的治療歷程中。

　　結構式遊戲治療根據兒童中心學派遊戲治療精神，歸納出治療師在進行結構式遊戲治療時應有的態度，分別為：(1)建立並維持正向的遊戲治療關係；(2)邀請的態度；(3)鼓勵投入；(4)覺察並了解遊戲介入的意圖。期待運用此模式進行治療的工作者能對上述這些態度有更多、更深的體會。

一、建立並維持正向的遊戲治療關係

　　結構式遊戲治療架構有三個階段，分別是建立正向接觸的開始、遊戲與歷程回顧，不同的階段有相對應的治療目標與方法，雖然將架構分成三個不同的階段，但治療關係仍然是介入的基礎與重點。在結構式遊戲治療中強調「正向」的遊戲治療關係，意味著治療師與兒童互動時須提供接納、尊重與支援的態度，而建立的遊戲治療氛圍則是穩定、可預測、有趣、好玩、輕鬆的氛圍，通常治療師在一開始會運用一些媒材來協助建立正向的關係，例如布偶、介紹遊戲治療的繪本等。而為什麼會在一開始就運用媒材來協助建立正向的關係呢？我們可以試著思考一位從未進入治療室的兒童，或從來沒有接受過遊戲治療的兒童，剛進入治療室時他們會有

什麼想法或擔心呢？在實務現場中，我們時常聽見許多學校老師或父母告訴兒童要去遊戲室的理由，不外乎是你去被治療、矯正行為的，或者你去遊戲室上課看會不會乖一點，或者從今天開始的這堂課你就一個人去遊戲室等，導致兒童還未進入治療室就充滿擔心與恐懼，對環境與治療師充滿未知的情況下，兒童可能害怕被檢討行為、可能擔心遊戲室的治療師怎麼看待他，也因此增加許多抗拒與防衛的行為。結構式遊戲治療為了協助兒童能以安心、輕鬆且投入的態度進行治療，特別強調在一開始必須要建立「正向的接觸」，這種正向的接觸其實也是一種提供給兒童不同於其他生活經驗的方式，這種態度所要傳達給兒童的概念是：你可以在這裡安心、自在的遊戲，這裡是有趣而且接納你的地方。

因此建立正向接觸的開始是結構化治療的第一步，也是提供矯正性情感經驗的開始，而運用布偶也是提供兒童新經驗的媒介，布偶對兒童而言是有趣且親近的媒材，在結構式遊戲治療中，我們將布偶視為兒童的客體，用來輔助治療師建立關係，而運用布偶的其中一個原因是能協助治療師與個案拉近距離，我們在實務現場中發現布偶的運用能協助兒童更快且更容易投入治療，因為布偶能讓兒童進入治療時以輕鬆有趣的態度來看待治療，治療對兒童而言就不這麼恐怖或不這麼令人感到不安，甚至有的兒童不太願意和治療師對話或互動，但卻願意與自己的布偶說很多的話以及做很多的活動，因此如果能協助兒童自己在治療時感到安心、自在，就能促使兒童更願意投入接下來的治療，運用布偶作為客體來建立正向的接觸是結構式遊戲治療的慣用方法，但最重要的還是要回到治療師個人的態度，在結構式遊戲治療中，治療師與兒童建立關係的態度如同兒童中心遊戲治療師，是一個開放、接納兒童不同狀態的態度。

二、邀請的態度

　　結構式遊戲治療相對於兒童中心遊戲治療，是一個較爲主動介入的治療模式，結構式遊戲治療不僅會透過學校及家長所提供的基本資料來理解兒童，也會在治療過程中透過診斷遊戲與策略遊戲來理解兒童的狀態，而診斷遊戲與策略遊戲的介入，必須透過治療師的「邀請」才能在治療過程中加以運用，但爲什麼是「邀請」而不是安排呢？這其實與結構式遊戲治療的精神奠基於兒童中心遊戲治療有關，根據Lenthrenth所描述的兒童中心遊戲治療的基本精神爲尊重、接納兒童的本質，且相信改變的力量在兒童本身，基於此精神之下，結構式遊戲治療的介入仍然以兒童爲主，我們會尊重與接納兒童的樣子，包含兒童的決定與意見，因此在進行策略或診斷遊戲介入時我們不會說：「小明，老師已經準備好這個遊戲，我們等下就開始進行。」取而代之的是我們會說：「小明，老師準備了一個遊戲，或許我們等下可以一起玩，當然你可以自己決定要不要玩。」治療師雖然是一個主動的人，但仍尊重兒童的意願，因此運用邀請的態度十分重要，我們並不想營造兒童來到治療室是被規定與被安排必須參與怎麼樣的活動，原則上還是以尊重兒童的意願爲主，我們仍然希望在介入的同時，兒童也能自我決定並且從當中建立自信與自尊。因爲我們相信兒童自願參與、投入，就是改變的開始，改變的力量在兒童本身，因此基本介入的精神還是不脫離兒童中心遊戲治療的精神。

　　另外，我們在實務現場常常聽聞治療師進行結構式遊戲治療時會有些困難，特別是在「邀請」兒童進入治療師預備的診斷遊戲或策略遊戲的時候，治療師時常會有過度的期待，期待每位兒童如奇蹟般的都答應治療師的邀請，並且都非常投入治療師所預備的診斷遊戲或策略遊戲中，不過現實常不是如此，別忘記了兒童原本在遊戲室裡是可以自由遊戲的，他們爲什麼會平白無故答應治療師的遊戲邀請呢？因此當治療師進行邀請時的

態度應該抱持積極、鼓勵的方式進行邀請，並且保持任何開放、尊重的態度與彈性，例如治療師邀請兒童進行語句完成測驗時，兒童覺得很不想動手寫字，此時治療師不應該就此放棄，可以積極的方式想想其他方式，甚至邀請兒童一起來想想辦法，我們可能會詢問兒童：「琳琳，老師很想和你一起進行這個遊戲，爲了更加了解你，讓你在這裡和學校過得更快樂，但你似乎不想動手寫字，那我們一起想想有什麼辦法，同時可以讓老師透過這個遊戲更了解你，你又能夠很輕鬆。」當治療師在進行遊戲介入時，如果能以此種開放的態度與兒童進行接觸與邀請，通常大部分的兒童會與治療師一起想想辦法，或許在治療師開放的態度邀請下，兒童會和治療師提議他可以用說的方式回答語句完成測驗的問題，而治療師則負責幫忙寫下來，這樣一來既可以滿足兒童也能協助治療師取得想要的資料。在進行診斷遊戲或策略遊戲的邀請時，記得我們的主要目的是讓兒童願意投入與參與我們所預備的遊戲，我們應該試著保有一定的空間與彈性，隨時因應兒童當下的狀態而有變化，而不是一昧的一定要兒童完全按照原先既定的遊戲方式來進行，當然在我們積極鼓勵與邀請下，兒童還是有可能會拒絕我們的邀請，此時治療師可以怎麼做呢？我們可以試著感謝兒童考慮過治療師的邀請，並且告訴他們下一次準備好的時候，我們會再邀請他們試試看。因此在被兒童拒絕時，我們仍然抱著尊重的態度，並且給彼此在未來都留有一些空間，因爲我們相信治療師給予兒童一定的尊重與空間，兒童也會給予相對的回應。

三、鼓勵投入

在結構式遊戲治療中，治療師會主動介入診斷遊戲或策略遊戲，這些診斷遊戲或策略遊戲的設計，是源自於治療師對於兒童議題的理解及需求，同時也跟治療師自身的治療風格有關。在實務現場中我們發現治療師

在進行他們所介入的遊戲時往往會遭遇一個問題，就是兒童不願意也不投入該怎麼辦？首先，要談論該怎麼解決以前，治療師最好能了解自己介入的期待以及意圖，我們知道大部分的治療師在兒童開始進入遊戲治療之前或過程中，或許已經準備了許多設計過的診斷遊戲或策略遊戲，此時治療師不免會對兒童的參與有所期待，例如可能會期待兒童在一次單元裡就完成語句完成測驗的所有項目，或者期待兒童能自己獨立全部完成的項目。但在實務現場中有時不會如此順利開展的，可能會發生兒童沒有意願或抗拒進行治療師邀請的診斷遊戲或策略遊戲，有些治療師會在這個關鍵時刻卡住，甚至破壞了與兒童的關係，例如就是兩人對自己的選擇僵持不下，形成兒童想結束遊戲，但治療師想要兒童繼續進行的情形。

　　要如何因應這樣的狀況呢？其實很簡單，首先就是回到兒童中心學派遊戲治療的精神，反映兒童當下的狀態，如他的情緒、內在的想法、想玩自由遊戲的意圖等。

　　　「喔！要寫這些語句完成測驗，有點煩，不想寫！」
　　　「寫這些要做什麼？可不可以不寫！」
　　　「喔！好想再繼續玩遊戲，不要做這些活動啦！」

　　前述也講到結構式遊戲治療相對於兒童中心遊戲治療是一個較為主動介入的治療模式，因此在做了前述的一些反應之後，接下來治療師「鼓勵」的態度就相當重要，治療師鼓勵的態度具有以下三個內涵或表現。

(一) 就是在做了反應之後，再次邀請

　　亦即當治療師做了邀請之後，若感覺到兒童是有抗拒、沒有意願、不感興趣等樣態，首先就是反映兒童當下的狀態，當治療師做了反應之後，可以再次邀請兒童來進行此活動。因為，當治療師正確地反應出兒童當下

的狀態，讓兒童感受到被了解、被接納之後，此時治療師再次的邀請有時就會產生效果。而且治療師再次邀請時，可以把該遊戲活動的物件或材料更靠近的呈現在兒童眼前，這都是一種積極的尊重、接納與邀請。

「所以，你不想寫這些語句完成的活動，寫這個有點累不好玩。其實這不是作業也不是考試，你想怎麼寫都可以的！試試看。」

「想怎麼寫都可以的，也挺好玩的喔！」

「你好想繼續玩，不想編故事！不過你就先從這些圖卡中選一張出來！再來決定要不要編故事！」（把圖卡拿的更靠近兒童）

「你想繼續玩你的汽車，不想畫圖！不過一開始我們就已經講好今天要畫圖的喔！下週你仍然可以繼續玩你的汽車。」

(二) 提供一種兒童可以自主決定的氛圍

有關結構式遊戲治療所介紹的診斷遊戲或策略遊戲，雖然會介紹進行的步驟，但因這些遊戲活動也都是遊戲的形式，因此也是可以由兒童以他喜歡的遊戲方式進行。

例如邀請兒童進行一句話書籤、寫卡片等活動時，治療師僅需提供夠吸引兒童的素材即可，兒童要選哪些素材、撰寫怎樣的內容等，都是可以由兒童自行決定的！選束口袋中的物件時，兒童手伸進束口袋中時，要如何選出物件都是兒童可以決定的。邀請兒童進行圖卡編故事過程時，兒童可以自行決定要選哪一張、如何編、編的內容等等。筆者的經驗就是當提供給兒童一個自主決定的氛圍時，兒童更以可能會逐步的參與投入。

(三) 活動設計的更遊戲化、趣味化、互動化！

不管是自由遊戲、診斷遊戲或策略遊戲都是「遊戲」，若讓兒童覺得像是一個測驗、一個考試、一項作業等，就可能會影響兒童的投入，有的

兒童甚至會抗拒參與。尤其診斷遊戲或策略遊戲都是治療師邀約兒童進行的，更要讓兒童感覺還是一個遊戲，且是一個有趣的活動或互動。

　　例如邀請兒童畫圖、畫曼陀羅、吹畫、寫卡片等活動時，治療師也跟著兒童一樣創作畫圖、寫卡片。有時候製作小書或回顧短片時，可以邀兒童一起選相片，這就讓兒童很有參感且是一種很好的互動，不會覺得是一個測驗、一個作業。進行語句完成測驗時，將題幹寫在竹棍上，然後像在廟裡抽籤一樣：治療師和兒童猜拳，輸了的人就抽一支籤，念出題幹並完成一句話，這就是把語句完成測驗遊戲化。

　　總之，即使是自由遊戲也會有兒童因抗拒、焦慮、安全感不夠等因素而不去玩，由此可以推斷治療師邀請兒童進行診斷遊戲或策略遊戲時，仍然可能會遇到兒童不想玩、不想參與的狀況。治療師就是以鼓勵、接納的態度邀請兒童進入遊戲。我們不去期待兒童一定要立刻全心全意的投入，或兒童一定要對我們的遊戲感到喜愛，但我們接納兒童所有的反應，如果兒童在當下並沒有辦法投入，那我們也會選擇去理解、接納兒童的選擇，當然我們也不放棄任何一種彈性的變化，也會更積極的鼓勵與邀請。

　　因此結構式遊戲治療在邀請兒童進行診斷遊戲或策略遊戲時的「鼓勵」包含了對兒童的邀請、理解以及不放棄的態度，當然最後如果兒童完全拒絕遊戲，那我們也會放下我們的期待，轉而思考兒童這些選擇背後的意義、原因，以及治療師做了什麼，或少做了些什麼。

　　治療師若能以上述這樣的態度來面對兒童的投入或不投入遊戲，都可以更促進對兒童的了解及關係的建立。

四、覺察並了解遊戲介入的意圖

　　在實務現場中，常看到一些治療師聆聽筆者或其他治療師分享運用診斷遊戲或策略遊戲的經驗，或者看見了一些感覺不錯的遊戲時，就會拿來

運用在自己的兒童個案上，這不能說是不好或不對，但筆者更期待當治療師要運用診斷遊戲或策略遊戲時，都是在對兒童有深刻的理解基礎上，並且也都清楚自己介入的意圖。試想如果連治療師自己都不知道為什麼運用這些策略遊戲介入，或不理解這些策略遊戲的運用對兒童會產生怎樣的影響，那就好像瞎子摸象甚至是病急亂投醫，這不是一個專業治療師應有的作為。

治療師對自己運用策略遊戲意圖的理解與個案概念化息息相關，當你正確概念化個案之後，你了解他是一位怎樣的個案，你就可以很具專業地選擇某項適當的策略遊戲，來滿足他的內在需求或調整他的行為。在結構式遊戲治療中，每項策略遊戲都有可能具有一種或多種意圖，不同的策略遊戲可能會有相同的意圖，或一個策略遊戲可以同時包含多種不同的意圖，這完全依照個案的情況、治療師的風格與個案的議題而有所變化。

例如面對一位經常挑戰老師、父母所設定的界線之兒童，治療師邀請他玩塗鴉遊戲，其目的就是透過自由自在的塗鴉滿足他自主的需求，但塗鴉完之後將每個區塊塗滿顏色，不可以超出區塊，且要一個區塊一種顏色的塗完塗滿，這過程就是要個案學習遵守指令及自我控制。

又如一位缺乏父母關愛的兒童，治療師可能會更常在遊戲治療過程中，運用布偶客體跟兒童互動，讓個案藉由布偶客體獲得安全感與支持。或治療師得知兒童參與語句完成測驗的興致不高，因而轉變以遊戲的形式邀請兒童投入，進而提高兒童的參與意願。

以上這些都是在說明治療師對兒童的議題有明確的理解，也清楚每個策略遊戲的功能及效果，同時也能視介入策略遊戲時的當下狀況作適當的調整，這才符合結構式遊戲治療診斷遊戲或策略遊戲介入的原則。因此筆者強力的建議治療師在進行策略遊戲介入之前，先針對兒童議題有概念化的認識，有助於治療師日後進行介入的理解，並且在過程中不斷審視自己介入的意圖，使自己能掌握治療的每個過程。

第二節　遊戲的過程就是兒童厚實的敘說與表達

　　兒童與成人個案的最大差異就是，成人擅長以口語表達，但兒童卻善於利用玩具、圖畫等象徵表達，因此兒童遊戲的過程就是兒童的敘說，遊戲治療過程中兒童玩的玩具，遊戲的過程與主題，是非常符合敘說治療的外化、解構與厚實的理念。此外，結構式遊戲治療鼓勵治療師在治療歷程中運用拍照、攝影、見證儀式之策略，即是在將個案的支線故事進行強化，以發展、豐厚支線故事。支線故事的豐厚與建構在治療歷程中相當重要，透過支線故事的建構與豐厚，可以形塑出與主流故事不同的解釋與認同（易之新譯，2003；黃孟嬌譯，2014；黃錦敦，2018）。結構式遊戲治療師在最後一次遊戲治療單元時能透過影片與相片，讓兒童在回顧過程中，看見自己遊戲歷程中展現有能力及轉變的一面，都是此概念的應用。

　　茲將結構式遊戲治療與述說治療的統整說明如下。

一、敘說治療的外化、解構與重寫

　　當兒童運用各種媒介、媒材進行遊戲的過程，就是他的敘說。透過遊戲傳遞了他所建構的世界，也透過遊戲重新建構自己的故事，解決自己的困擾。兒童透過玩具表達也就是一種外化的過程。

　　敘說治療者視當事人是一個充滿創意、可以合作的人，一起將充滿問題的主流故事給予改寫。敘說治療者的意圖是要將人和問題分開、解構主流故事，然後再重寫一則新的故事（White & Epston, 1990）。整個敘說治療法的對話過程可以歸納出三個意圖（或說階段）：

(一) 問題的外化（externalizing）（White & Epston, 1990）

　　當兒童運用玩具、蠟筆、黏土、布偶等媒材的過程，就是已經在將其問題進行外化。治療師在與兒童工作時，不急著詢問外化式的問題，而是

專注的陪伴及引導兒童創作，當他完成作品之後，在運用兒童的作品進行問題的外化。常用的問句為：

「他是誰？幾歲？……。」（治療師指著兒童品中的人物）

「是什麼因素，大家都不喜歡他？」

(二) 解構（desconstruction）充滿問題的故事

敘說治療在將當事人的問題外化後，會鼓勵當事人厚實的描述其故事，因這有助於當事人解構其問題故事（吳熙娟，2000；王沂釗，1999）。所謂厚實的描述就是鼓勵當事人對於問題的看法，不要視為理所當然，要多表達個人的情感、想法，以豐富描述的內容展現生活的多樣性和當事人的主體性。

兒童創作的過程其實就是在進行厚實的描述，作品本身就是一種表達，而且從兒童作品的內容，可以看到比兒童口語表達還要豐富的資料。從下列的作品就可以得到證明。

目睹家暴兒童作品

　　上述的作品內容充滿了情緒的張力，兒童先是塗了好幾層的顏色之後，最後在塗上黑色，然後用原子筆畫出爸媽打架的內容，兒童在作畫的過程是充分且豐富的表達他個人內在主觀的感受、心情。這過程不就是敘說治療所強調的厚實的描述。

　　當兒童在創作的過程，治療師不一定要詢問兒童問題，但一定要專注的陪伴著兒童創作，專注的陪伴不是一定要盯著兒童的作品，而是要讓兒童感受到治療師就是專注的在旁邊陪著他，因為兒童運用媒材創作的過程，就是不斷地在對治療師敘說，只是他用的是非口語的表達方式。

(三) 重寫（re-authorizing）新的故事

　　敘說具有重新發展生命故事腳本的功能。所以，治療師協助兒童將舊故事分解，注入新的詮釋和生命感之後，鼓勵兒童能作自己的主人，根據外化、解構的過程發現，獨特的結果和替代意義的故事，重新編導自己未來的生活方式（吳熙娟，2000；王沂釗，1999）。當兒童的創作加入他的創意、幻想等內容時，其實他也就是在重寫他的故事了。

　　就以上圖為例，在兒童很厚實的創作完成之後，治療師會請兒童將其作品做一描述，透過兒童的描述內容，治療師可以透過外化技巧的問句詢問之外，也經常會運用一些引導兒童重新改寫其故事的技巧。

> 水晶球問句：「如果有天使，這個天使可以給你三個願望來改變你現在的生活，你會優先改變哪三件事？」
> 「如果你有哈力波特的魔法棒，你會來改變什麼？」
> 未來導向問句：「如果你可以決定，接下來你希望會……。」
> 增能（EMPOWER）問句：「你想告訴他們什麼？你教教他們一些好方法。」
> 例外導向問句：「他們在什麼情形之下，會有不一樣的互動。」

　　自我察覺問句：「當你畫完之後，你的心情、想法有沒有跟過去有什
　　　　　　　　　麼不一樣？」

二、從外化、解構和重寫的觀點看遊戲的治療內涵

　　兒童透過生命化、認同和趣味性的三種心智活動，使得他們透過遊戲
過程，表達了他們主觀的世界、流露出內在的情緒，也在遊戲過程中解決
了他們的困擾。這樣的過程和敘說治療的觀點也有共同及一致處。

　　1. 兒童遊戲過程中將許多物件生命化的過程，就是兒童在建構其主觀
的世界，這個生命化已經遠離一般敘說，他已經將兒童的信念、感受透過
某個象徵的物品敘說出來。例如下圖，兒童分別以不同的動物屬性、大小
位置等方式，將他對家人之間的感受、關係表達了出來。

動物家庭作品

　　2. 遊戲的認同過程，是一種象徵更是一種敘說治療所謂的「厚實」過
程，就成人而言，可以透過口語不斷的敘說豐富內容，兒童則是透過對物
品的認同過程來豐富其內容。

　　例如上圖的動物家庭擺設好之後，兒童做了如下的描述：

　　「大隻的大象就是爺爺，因爲他很強壯的保護著我們家。小隻的大象就是奶奶，因他總是陪在爺爺旁邊，他也在保護我們家。

　　爸爸是那隻馬，因爲他很辛苦的工作就是一隻忙碌辛苦的馬，媽媽就是那隻綿羊，他不是很有能力，但他很溫柔，其他四隻小狗就是我們四個小孩，其中坐在綿羊身上的就是最小的＊＊，……。」

　　3. 遊戲過程本身具有趣味性的特質，可以協助兒童接觸內在情緒的功能，亦即兒童透過遊戲不僅把情感具體化，也在好玩的玩具及遊戲過程，讓難過痛苦的事件不再那麼痛苦。下面的皇冠及天使棒都是兒童常會玩的玩具，因爲這些玩具可以協助他們滿足現實生活中得不到的夢想，或是以象徵的方式處理內在負面的情緒經驗。例如兒童用皇冠保護受傷的動物，處罰或趕走欺負小動物的動物（如鱷魚、大野狼……）。

　　「變！現在有一個保護罩保護小白兔了，老虎沒辦法靠近他們。」
　　「變！網子把老虎綁起來……。」

象徵能力、權力的魔法棒、皇冠

「我是天使，老虎你爲什麼欺負小白兔？」

「我命令你不准再靠近他們，除非你變好！」

　　整體而言，敘說治療中的敘說本就包括口語和非口語的敘述，所以，當兒童以口語或非口語的方式進行遊戲時，就是在建構他的主觀世界，更是在表達他們的情緒和情感。此時，治療師只要在旁邊以一種好奇者、欣賞者和催化者的角度，讓兒童能做更「厚實」的遊戲內容那就是極具治療效果。

三、從外化、解構和重寫的觀點看遊戲的轉變機制

　　遊戲治療實務中，兒童經常會玩出跟其議題有關的遊戲主題，且會在不同單元重複的玩，我們稱之爲重複遊戲。很具療效的是這些重複遊戲主題一樣，但內容會隨著治療的進行而有所改變，最初的重複遊戲經常都是其困擾議題的呈現，但隨著重複多次之後，其遊戲內容開始轉變，甚至玩出不同主題內容、展現能力、創作出作品等，我們就會加以拍照、書寫、錄音、錄影等方式記錄下來，這就讓兒童感受到自己的不一樣被看見了、被重視了，這樣一來就能強化兒童玩出的正向經驗，我們則成爲了兒童玩出不同主題內容的見證人，強化兒童玩出的正向遊戲內容，這很能協助兒童擺脫原先問題故事的控制。這樣的轉變過程其實就產生如下的正向轉變機制：

　　1.「疏」離的轉變機制就是敘說治療的外化：敘說治療強調「問題是問題」，將問題和人分開，人不等於問題，可以以一種旁觀的角度來看待問題，然後向問題宣戰，不僅讓當事人可以感受到自己不是有問題的，更可從外化過程得到力量。假想遊戲的過程，兒童「疏」離的機制就是成功地將問題外化出來，用一個象徵物來取替內心困擾，然後透過遊戲處理此一困擾。

2. 遊戲過程就是一種解構：兒童透過遊戲進行情緒的抒解、生活經驗的再描述及再改變就是一種解構的過程。亦即，當兒童利用玩具直接或隱喻般的玩出他生命經驗中的故事時，如爸媽的吵架，自己上學時的害怕與擔心等，在遊戲的過程中，兒童自然而然的會豐富原來的故事，或是加入了許多正向的力量到故事中，或是將原有的故事腳本做了分解、修正。在這樣的過程中，兒童是以一種後設的觀點、編導者或是行動者的角色處理他的問題，遊戲過程就已經解構了原有的生命經驗。

3. 「親」近其實就是敘說治療的重寫：治療師引導兒童將故事給以分解，注入新的力量、信念或頓悟，而改寫其原有的故事腳本，進而達到治療的效果。這樣的過程使兒童修正錯誤的認知，也可能透過遊戲過程自我滋養、修復受傷經驗。

綜上可以發現，遊戲本身親近、疏遠的轉變機制，可以和敘說治療外化、解構和重寫的過程來呼應，兩者也都是強調兒童內在主觀建構的世界。也期待這樣的介紹，可以讓治療師更抓得到結構式遊戲治療的理念與精神。

四、敘說治療的「見證」在遊戲治療中的應用

結構式遊戲治療將敘事治療的概念納入治療理念中有許多的原因，在實務現場中我們要在短時間內讓兒童出現明顯的成效，同時又能將治療效果延續到生活中是很具挑戰的，尤其是遭遇複雜性議題的兒童和家庭，那就更困難了！因此我們決定將敘事治療的概念加以融入，尤其我們特別借用了見證的概念，見證的運用能協助兒童將他們所玩出來的新故事加以強化，能擴大單一療程中的療效機制。

見證此方式的內涵分為定義式儀式以及局外見證人二部分，定義式儀式提供當事者一個機會，能在挑選過的局外見證人面前述說自己的生活故事，目的就是將個案在治療歷程中所發展的支線故事傳播出去，讓其他

人一同見證個案在治療歷程裡的成長與改變（易之新譯，2003）；定義式儀式的概念影響結構式遊戲治療結案的進行方式，結構式遊戲治療師通常會在結案時舉辦一個類似畢業典禮、結業式的儀式，邀請兒童挑選相關的人共同參與，過程中會頒予獎狀給兒童，並在其中描述具體的轉變事項，以強化見證的遊戲治療效果（鄭如安，2012）。關於局外見證人的挑選，Michael White認為局外見證人必須是當事者所能接受的人，不應該是為當事者帶來負面影響及當事者想疏遠的對象，透過挑選的對象與個案支線故事的互動以豐厚個案的支線故事情節（丁凡譯，2012；黃孟嬌譯，2014）。

　　除了挑選適當的人選做為局外見證人之外，結構式遊戲治療師也運用布偶客體作為局外見證人，治療師在每一次治療歷程中皆會透過布偶客體進行單次遊戲治療的見證儀式，布偶客體被視為治療歷程中的第三者，我們運用布偶客體於每一次療程結束前進行單次歷程的見證，以肯定或賦能兒童於此次治療歷程中玩出的優勢與能力，也或者治療師可當著兒童的面，將兒童的轉變與進步分享給中心的人員或老師，將個案的轉變與進步傳播出去，讓局外的相關人士也成為個案改變的見證者。因此結構式遊戲治療的見證，是透過治療師在治療過程中，發現或引導出兒童不同於過去的特質、優勢、想法或能力等，將這些不同於以往的優勢或特質分享給第三者，以肯定或賦能兒童，也透過第三者的肯定與回饋來鞏固這些優勢與能力（鄭如安，2008）。以下介紹如何將見證與遊戲玩具媒材結合的做法。

(一) 應用第三者來見證

　　可以應用物件、主要照顧者及遊戲治療中心（學校輔導中心）的其他人員來見證。前述說過見證就是將兒童的「不同」或「轉變」讓第三者知道，因此治療師要應用見證技巧時，要優先考慮要讓誰當「第三者」。根

據經驗，若能同時應用不同的「第三者」更棒，意即在結構式遊戲治療過程以布偶建構一個第三者，在每次遊戲單元結束前，運用此布偶建構一個結束的儀式，也就是在每次的遊戲單元結束前，治療師可以將兒童的轉變與進步，具體的分享給這位第三者。

「小豬！（兒童為布偶取的名字）我告訴你一件事情喔！就是小明他在上週很成功的打敗那位「懶惰蟲」，他已經不再賴床了！」（治療師對著布偶講話，但同時也讓布偶面向兒童，然後可以應用布偶的身體語言或動作，表示贊同及肯定兒童）

上述以布偶配合結束儀式進行見證活動的方式，是適用於每位兒童。若該單位仍有其他的治療師或工作人員，將這些人員加入見證的第三者也會有不錯的效果，亦即治療師當著兒童的面，將兒童的轉變與進步分享給這些人員。再者就是敘說治療強調文字的魔力，因此，除了遊戲治療過程中口語的回饋之外，將這些回饋轉換成文字、圖畫、象徵圖案等方式配合，則更具加成效果。

(二) 具體的描述兒童的「不同」

在回應兒童的「不同」時，請務必要具體描述，亦即要將其「力量」、「轉變」、「達到的目標」強調出來，再則就是要因應兒童的問題性質，有時需要去強調時間、地點或方式，例如前述成功的打敗「懶惰蟲」，則標示出力量與目標物。若兒童的問題是在學校，則具體描述的「不同」就要是有關學校地點的內容。

「小豬，小明昨天的『勇敢天使』發揮力量了，小明到學校上課而沒有害怕及哭泣了。」

(三) 引導兒童將此種「不同」的感受表達出來

　　在進行完前述的活動之後，也常邀請兒童分享當下的感受，當然分享的方式也可以是多元的，如果兒童可以直接以口描述，就進行口語的回應，不然就是仍會應用布偶及畫圖的方式進行。其目標就是要讓兒童體驗此種正向感受，將此種正向經驗更深刻在兒童的心中。

(四) 頒獎、贈勳活動

　　設計好一個勳章、獎狀或獎品送給兒童。在這些物件上具體的將兒童的「進步」、「不同」寫在上面，讓兒童收藏起來或掛在家中的牆壁，都具有強化見證的遊戲治療效果。

成長證書見證兒童的進步

第三節　建構正向的陪伴經驗：依附關係理念在結構式遊戲治療的應用

　　遊戲治療關係本身是一種人際關係，也是一種依附關係的建立過程，因此本小節就說明如何將依附關係理念及客體關係理論，運用在結構式遊戲治療中。

一、豐富的玩具及規律的遊戲時間是建構正向關係的開始

　　安全依附關係的建構通常是來自親子間的互動，安全依附關係的情感基礎是要充滿愛，親子願意有較長的時間在一起，在一起的感受是快樂的，父母能了解兒童的生理心理需求並給予適當的滿足。亦即安全依附關係的建立，是需要透過實際的互動，**滿足兒童的親密性和一致性的需求**，親密性就是能感受到對方的關心、了解與接納；一致性則是穩定的環境，生理、心理和社會三方面的需求都受到有一定水準且持續的照顧（James, 1989, 1994）。

　　將依附關係的理念運用到結構式遊戲治療，治療師要了解正向遊戲治療關係的建立是可藉由一些行為，如微笑、視線接觸、適切的口語反應和適宜身體接觸，來表現和傳達關愛，並滿足兒童的需要，使得治療師與兒童彼此感受到安全感及親密感。再將親密性和一致性的觀點運用到遊戲治療過程時，治療師要落實以下兩點：

　　1. 就是整個遊戲治療過程，治療師所建構的遊戲室（遊戲袋）、玩具及空間，要能傳達一種接納與友善的象徵。

　　2. 就是治療師要建構固定而有規律的遊戲時間，建構安全及夠隱密的空間，及治療師的陪伴與回應態度，讓兒童感受到一種穩定且一致的安全感。

由上可知，豐富的玩具、適當的空間及穩定的遊戲時間，是建構正向遊戲治療關係的基本條件。

二、透過各種活動建構正向的關係

前面提到安全依附關係的建立是在親密及一致地透過各種活動、互動中形成的。安全依附關係的屬性包括：接近、互惠及投入。

接近意指治療師與兒童之間能有正向的接觸，治療師能了解兒童的需求和情緒狀態，同時又能適度讓兒童獨立，使其了解自己和別人及環境的不同。互惠是指治療師能敏感地了解兒童的需求，同時兒童對治療師的表現也能有所回應。投入指的是治療師能以兒童為中心，為其建構一個安全的環境（Booth & Koller, 2001; Jernberg & Booth, 2001）。

為了使接近、互惠及投入這三個屬性的概念能夠更具體的被運用，且能有效地區辨安全依附關係的特質，Marschak依此三個概念建構出結構性、參與性、撫育性和挑戰性等四個具體的互動向度。這四個向度的內容是可以做為建構一個親密且一致安全依附關係的依據。茲將此四個向度的內涵具體說明如下：

(一) 結構性

在人生早期階段的親子關係，如母親與嬰兒的互動，父母會選擇或設定一個安全的範圍區域，然後建構明確的界線以確定兒童的安全，同時允許兒童在這安全的區域內探索與學習。在此安全且明確的環境之下，兒童可以很自在的探索與學習周遭環境的奧妙，滿足他對這世界的好奇。在父母建構的此環境中，兒童的生理和心理都充分的有安全感，他也體會到這個世界是安全的（Booth & Koller, 2001; Jernberg & Booth, 2001; Jernberg, Booth, Koller & Allert, 1991; Lindaman et al., 2000）。

將上述理念運用於結構式遊戲治療有關結構性向度的建構，會是透過

具體明確的陳述遊戲規則，界定明確活動的區域、時間的限制等方式建構出清楚的界線，然後在這界線範圍之內，允許且鼓勵兒童自在的探索。

(二) 參與性

在人生早期的親子互動，每對親子常會發展出他們特有的互動模式，在這過程親子雙方都可以快樂地參與於其中的互動。例如兒童會因為照顧者專注的注視、微笑而喚起他的注意力，父母若能再持續且敏感到兒童的需求，而給予適切的回應，那就更能讓兒童持續的參與在互動過程中。例如常見的躲貓貓、我要抓你、搔癢、鼻尖碰鼻尖等親子互動，都能引起兒童的高度興趣，並和父母有密切的互動。這樣的親子互動可以讓兒童樂於與人溝通、分享親密、喜歡人際接觸等。他們學到的信念就是「與人互動是有趣的、我可以以適當的方式與人相處、我可以和別人很親密」（Booth & Koller, 2001; Jernberg & Booth, 2001; Jernberg et al., 1991; Lindaman et al., 2000）。

被轉介出來接受遊戲治療的兒童，他們常表達出來的一個表面訊息是「你們都不要理我，讓我一個人獨處。」其原因多半都是因為他們過去有許多不好的人際相處經驗。此時，治療師要做的就是藉由同理的了解及鼓勵，讓他們能參與於一個冒險的、多元的、刺激的、有趣的活動中，進而能有一個愉悅關係的經驗。

(三) 撫育性

在人生早期的親子互動，父母撫育性的活動，如餵食、愛撫、搔癢、擁抱等，這些活動都會讓兒童感受到被撫育、能讓情緒平穩下來，感受到自己是被愛的。當兒童把這種被撫育、被照顧的經驗內化後，他內在依附、依賴的需求就會被滿足，進而能使他們變的自發與自動。撫育所傳達出來的信念及訊息就是「我是可愛的、我會被人以充滿感情和讚賞的方式照顧」（Booth & Koller, 2001; Jernberg & Booth, 2001; Jernberg et al., 1991;

Lindaman et al., 2000）。

在結構式遊戲治療過程中滿足兒童其情感需求，會使用許多撫育性的活動，例如運用布偶與兒童有適當的身體接觸（如握手、拍肩、擊掌活動）、提供糖果食物的猜謎活動等活動，這樣的活動提供兒童重新經驗這個世界是溫暖的、安全的。

(四) 挑戰性

在人生早期的親子互動，父母有許多機會鼓勵兒童做更進一步的冒險與挑戰，例如鼓勵學走路的兒童，勇敢的更向前踏一步、鼓勵兒童更集中注意力的學習某種新遊戲或活動，有時父母將兒童抱的高高的說「哇！好高！」等既危險又刺激的活動，都有助於親子關係的增進。父母若能在互動過程中，給予兒童正向的鼓勵，會讓他們更相信自己是有能力及願意接受挑戰。這樣的活動帶出來的訊息就是「我是有能力的」（Booth & Koller, 2001; Jernberg & Booth, 2001; Jernberg et al., 1991; Lindaman et al., 2000）。

在結構式遊戲治療過程中，常是透過兒童遊戲的過程鼓勵兒童接受挑戰，讓他相信自己更有能力，或相信自己在某些活動上可以表現的更好。而且挑戰過程中常是愉悅與快樂的，例如兒童玩樂高組合玩具、疊疊樂、撲克牌、各種棋奕遊戲等，我們會鼓勵兒童接受挑戰，也引導他們有成功的經驗，並在兒童完成挑戰之後，立即給予鼓勵。

在兒童遊戲治療的實務中，不管治療師的取向為何，其實都可以根據上述的四個向度來檢視自己與兒童的互動。

三、以儀式性的活動建構「夠好」的客體

很多人都有親身或耳聞這樣的經驗，就是兒童睡覺的時候都一定要抱著他的「破棉被」、「破枕頭」或「娃娃」。更多的兒童在睡覺前，都

要他們的爸媽抱一下、親一下、說個故事或聊一下天，然後才願意上床睡覺。

　　上述陪著兒童入眠的物件，就是一種「過渡客體」，能給兒童很充分的安全感。睡前說故事或聊天的活動看似平常，但對兒童而言卻是每天必做的活動，這就是一個重要的睡前儀式，這些經驗對於建構兒童的安全依附有著重要的影響。因此，將這種過渡客體及儀式的觀念，引入結構式遊戲治療實務中，意圖在每次遊戲治療過程中，建構具有正向情感聯結的儀式活動。

　　每次遊戲治療過程要產生正向過渡客體的效果，需注意幾點原則：

(一) 要有具體的物件配合

　　在每次遊戲一開始就建構一個布偶與兒童接觸，在整個的遊戲過程中，治療師每次帶著這個布偶與兒童有所接觸與互動，如此才有可能建構如前述破棉被、破枕頭的效果。

　　再者就是我們每個人其實都有許多極富紀念價值的物件，這些物件的背後常都有一個故事。記得電影《麥迪遜之橋》中，描述主角畢生難忘的回憶，這些回憶可能是在一封信、一個戒指、一件洋裝等等物件上。因此，也可以讓兒童帶著他已經有正向聯結的物件到遊戲室。以下介紹《開往遠方的列車》繪本內容和過渡客體的觀念相呼應。

　　故事是美國1850～1920年代，當時美國大約有十萬個無家可歸的小孩，故事就是有十四個孤兒要前往西部接受認養的過程。

　　故事中的女主角瑪莉，一直帶著一根「白色的羽毛」。

　　那是當年媽媽要先到西部開創生活，和瑪莉道別說再見時，瑪莉將媽媽頭髮上沾到的白色羽毛，輕輕的拿下來，並輕輕地貼在自己的臉頰上。

　　媽媽說：「我先去西部開創新的生活，再回來找你。」

「什麼時候？媽媽，你什麼時候回來接我？」淚水從瑪莉的臉頰滑落，黏住了羽毛。

這根白色的羽毛就成為瑪莉很重要的一個依附象徵。

人的一生都充滿著許許多多重要的回憶，象徵著這些回憶的物件，就格外有意義及重要。面對悲傷失落、突然喪失重要的親友或嚴重心理受創的兒童，這些象徵物件常是協助創傷復原的重要媒介，結構式遊戲治療就是要在遊戲治療過程中，協助兒童創造一些正向象徵的物件。

我們進行遊戲治療的兒童不一定有創傷復原的議題，但治療師與兒童共同創造一個正向快樂的象徵性客體，對兒童絕對是有正向且深遠的影響。要建構一個夠紀念性的物件，其基本條件就是要有正向連結，最簡單的作法就是要固定的陪伴，並將陪伴過程具體化、象徵化，也就是留下物件，例如治療師為兒童創作的作品命名、寫上日期，然後予以保存或是照相留存。

(二) 身體的感官記憶，是建立過渡客體或儀式的重要工具

我們的物件要能成為好的客體，是需要一段時間去建構，使其意義化或象徵化，例如兒童的破棉被、破枕頭之所以能成為過渡客體，就是因為這些物件都是長時間伴隨著兒童，在這陪伴過程的同時，就在兒童的觸覺、嗅覺、視覺上留下深刻的感官記憶，好比兒童抱著那個破枕頭的睡覺過程，這個枕頭就在兒童的觸覺或嗅覺感官上，提供熟悉又安全的感受。因此，今天我們想透過結構式遊戲治療，建構類似破棉被、破枕頭的過渡客體，就是要有一段夠長且規律出現的時間與兒童有正向連結，才有可能在兒童的感官上留下安全、穩定的感受。

這種正向感官感受的記憶，常是很感官性及滋養性的！因此，在每次的遊戲單元結束時，一個正向的回饋、吃東西、拍手、擊掌、猜拳、歷程

回顧等活動，使其成爲每次遊戲單元特有的一個儀式性活動，這是很有意義的。

　　以前曾運用黏土介入一個高年級兒童的遊戲治療過程，有次的遊戲單元，該生一開始不曉得要做什麼，只是不斷地把玩黏土，或搓、糅、壓、捏等，在把玩過程中，兒童得到了靈感，他用黏土做了一個「紅豆餅」。然後就講了紅豆餅的故事。

　　原來他想起在他讀小學一、二年級時，每次爺爺接他放學回家時，都會繞到市場旁邊，然後買二個紅豆餅給他吃。當他講述這則回憶時，眼眶泛著眼淚，但卻感受到一種溫暖及被愛的心情。

　　也因爲他尋回這段記憶，讓他感受到在這世界上其實是有人那麼在乎他、疼惜他。這樣的一個吃紅豆餅的經驗，對當年的他好像沒有特別的意義。但此時這一個爺爺買紅豆餅的生活經驗，使他感受到自己是一個有價值、有自尊、被愛的個體。也因喚起他這個「紅豆餅」的經驗，他開始有了正向轉變。

　　上述例子中「紅豆餅」的經驗，使兒童產生感官性、滋養性的記憶。

紅豆餅象徵爺爺的愛與關心

(三) 儀式的建構要將其意義化、象徵化，才會有意義

單純且機械式的規律活動不會有功效，例如每天的刷牙洗臉，則可能無特殊意義，自己一個人吃飯、一個人上學等例行性活動，也不夠象徵化及意義化。

要產生意義化或象徵化，就是要特殊化及個人化，例如買紅豆餅是兒童與爺爺的儀式；睡前故事是媽媽與小孩的儀式；家人生日時，奶奶都會煮有自家口味的牛肉麵，那是這個家的儀式；布農族的豐年祭對布農族族民的意義就比我們來的深等等。每個儀式都會將相關的一群人，緊緊的凝聚在一起。

第四節　人際歷程理論在結構式遊戲治療上之應用

人際歷程理論的觀點相信一個夠好的關係，正向的人際經驗是可以矯正過去受創的經驗，人際歷程理論強調「過程評論」（process comment），及透過治療師與兒童的互動，建構一個新的矯正性情緒經驗。此兩種理念也是筆者常運用在結構式遊戲治療的實務上，因為每次的遊戲結束前都會進行此次遊戲的過程評論，經過多次之後，就如同前一節以儀式性的活動建構「夠好」的客體內容，此時這樣的一個活動也會有許多正向的效果出來。

一、過程評論的運用

在每次的遊戲單元結束前，治療師可以花個三到五分鐘進行此次遊戲單元的過程評論，亦即將今天兒童遊戲的過程作一歷程描述，外加一些正向具體的回饋。歷程描述的重點有以下幾點：

　　1. 重要的遊戲內容、主題或兒童的轉變與進步，若兒童在遊戲過程有創作作品，也要將此作品再次的展示出來描述。

　　2. 歷程描述過程也盡量的將兒童的情緒表達出來，因為這也是讓兒童覺察及澄清他們真正感受的機會。

　　「小明，今天你一來就先躲起來讓我找，我找了好久之後才找到，你就哈哈大笑的說我很會躲呴？然後你就開始玩汽車接龍的遊戲，你在玩的時候好專注，我猜你當時的心情是快樂的……。」

　　3. 運用回饋卡片或兒童作品配合歷程描述。治療師親自撰寫回饋卡片，透過卡片及卡片上的文字回饋，會比僅是口頭回饋還要具體且可以保留，又可以在最後結案前的遊戲治療歷程回顧中，具體的呈現在兒童面前，這種具有視覺化效果的具體物件是很有遊戲治療效果的。同時在歷程描述中加入兒童的作品，可以讓兒童感受到治療師對其作品的接受與興趣。

二、新的矯正性情緒經驗

　　其實這是一個很概念性的說法，很難以具體的活動或技巧呈現，這是治療師對兒童包容及一致的態度所建構出來的遊戲治療關係，讓兒童在此種關係之下體驗到不同於以前的經驗。以下從幾個不同向度及具體的作法來加以說明。

　　1. 豐富且吸引人的玩具：能到遊戲室玩玩具，及遊戲室內的設置及準備，對兒童而言是一種新鮮且正向的經驗。因此有關遊戲室的設備及玩具就相當重要且需細心維護，遊戲室好比就是醫師的聽診器、X光機、手術台、手術刀，有了這些好的設備，自然非常有利於醫師的診斷及治療。沒

有遊戲室的學校，就要在遊戲袋及空間安排上努力準備，讓兒童也有備受尊榮的感受。

2. 治療師不以兒童的行為結果來決定其是否可以繼續進行遊戲，亦即不是兒童有了治療師或家長期待的「好」行為之後，才進行結構式遊戲治療。結構式遊戲治療不是教學更不是獎賞的增強物，因此，絕不會以兒童的行為好壞來決定是否進行結構式遊戲治療。這也是本書一直強調結構式遊戲治療的首要目標，是要給兒童一個正向且獨特的陪伴經驗。

3. 兒童表達負面、否定或拒絕的情緒、行為時，治療師的接納及一致，正是讓兒童體驗矯正性情緒經驗的關鍵。當兒童表現出負面的情緒或行為時，過去的經驗多半是被罵或被打，因此，當兒童表達負面的情緒、行為時，治療師同理反應其情緒，且治療師的態度是穩定、平靜及一致的，這對兒童而言當然是一種新的情緒經驗，會讓兒童直覺的感受到你這位大人，跟他認識的大人很不一樣。

這也就是說當兒童在遊戲時間出現負向的行為、情緒時，就是我們所謂的治療時刻（therapeutic moment），此時治療師的接納及一致的態度，及敏銳性的了解兒童的情緒感受，這就是在建構一個新的矯正性情緒經驗。

「小明，你對於我不同意將玩具讓你借回家這件事，還非常生氣的坐在那裡，背對著我，不想理我。」

4. 在遊戲治療的過程中，當兒童原有的不適當行為一直沒有轉變時，治療師其實不必太氣餒，反而應該在這樣的情況下，努力的尋找兒童正向的優點及表現，這才符合新的矯正性情緒經驗。因此，治療師每次遊戲單元結束前的歷程評論，要具體的將兒童在遊戲過程中的正向行為作回饋及

肯定，這對兒童兒而言，就是一種不同於原有的生活經驗。

「小明，你今天接受我的邀請，畫了一張全家人共同做一件事的圖，而且在畫的過程中，你好專心的畫了你們全家人一起吃飯，爸爸住在中間，……真的感謝你，也要肯定你今天的配合與專心。」

5. 在進行了幾次遊戲單元後，治療師可以進行這幾次遊戲單元的歷程評論。尤其是當兒童隨著遊戲單元次數的增加，而在行為或情緒上有轉變時，就可以跨次數的將兒童的轉變作一歷程描述。

例如治療師將兒童開始表達負面情緒、行為的那次遊戲單元開始，回顧之後的幾次遊戲歷程，讓兒童看到治療師的同理及接納他的情緒，以及兒童的轉變。這樣的過程就在告訴兒童，他是可以表達其情緒，也讓他看到治療師的接納及真誠，同時也讓他看到自己的轉變。這樣的過程都是一個新的經驗。

「小明，我發現你願意跟我分享一些你們班上的事情，我很喜歡。還記得在前幾次，我不答應將玩具讓你借回家時，你好生氣的不理我，坐在地上都不玩玩具，現在，你會願意分享你的班上事情，又開始認真的玩玩具，我很開心。」

第三章
結構式遊戲治療之轉變機制

　　結構式遊戲治療相信只要治療師提供夠適當的環境，建構一個**「正向且獨特的陪伴經驗」**，兒童是可以也有能力走出自己的困境。但隨著督導輔導老師及心理師多年之後，發現若可以再具體的整理出兒童在遊戲治療過程中的轉變機制，讓治療師也明白在遊戲治療過程中，是什麼讓兒童產生轉辦及產生效果的，那更能提升治療師的效能及專業自信。所謂「外行人看熱鬧，內行人看門道」，不懂結構式遊戲治療的人就是看到兒童在玩玩具、玩遊戲，但專業的治療師知道「遊戲不只是遊戲，玩具不只是玩具」，治療師可以從兒童的遊戲過程了解兒童，也知道遊戲的過程是如何協助兒童成長與修通內在的困境。更希望每位讀者了解以下的這些轉變機制之後，知道是自己是在做什麼？更知道自己為什麼這樣做？也就是能「知其然，知其所以然」。

第一節　遊戲玩具特性的轉變機制

一、賦予玩具生命，認同的轉換機制促進兒童的轉變

　　皮亞傑曾經說過：「兒童的工作就是玩。」Landreth（2002）認為遊戲是兒童自發的行為，兒童在遊戲過程中是充滿愉悅感受的，是自發且不必有特定目標的，嬰兒躺在嬰兒床上快樂地吸吮自己的小手，甚至咬著自己的小腳，這吸吮小手的活動，也就是他的遊戲。

　　從兒童玩扮家家酒的過程中，可以看到他們將感受到的生活經驗透過遊戲呈現出來，將內在的期待與想像表演出來，即使整個過程是不合邏輯的、是不可能實現的，但兒童在遊戲過程中得到喜悅與滿足。也曾看到兒童打躲避球時的認真與興奮，在這個過程中，他們是投入於躲避球的遊戲中。

　　總之，遊戲可以協助兒童探索自己、探索環境、培養技能、在遊戲過程中發展人際方面的技巧。兒童有創造的能力，善用其生活經驗來創造幻想和故事，或是透過遊戲媒介，以口語或非口語的方式，或以隱喻和象徵的手法來展現內在世界，並經由假裝扮演的方式來演出生活中遭遇的難題，或問題的解決方法（孫幸慈，2001；Ariel, 1992; Ariel, Carel & Tyano, 1985）。我們相信**遊戲讓兒童在安全無威脅的情境之下，透過玩具和遊戲與其內在接觸。**

　　兒童透過玩具和遊戲與其內在接觸的過程，其實是一種複雜的心智活動伴隨著外顯的行為，兒童將其內在的想法和情緒，以口語或非口語的方式轉換成一種遊戲、活動，在轉換過程有三種心智活動（mental claim）運作，分別是生命化（realification）、認同（identication）和趣味化（playfulness）。茲將生命化和認同這二種心智活動簡述如下（鄭如安，2012），趣味化則在本章第二節的「對遊戲的喜歡與樂趣就是一種轉變機制，也是促進各種轉變機制產生的基礎」做說明。

(一) 生命化

　　兒童將內在對某人或事件的影像或想像，投射到外在世界，使內在的影像或想像產生生命或意義。例如在遊戲治療的過程中，兒童說「有一隻老虎在前面，牠要咬我。」，即表示兒童內在世界老虎的影像，在外在世界的「他」前面出現，兒童將內心世界的老虎賦予了生命和意義。

　　兒童利用積木、汽車、玩偶、房子等擺設出一個遊樂場的過程，這個

過程就是將這些玩具賦予了意義，這就是所謂的生命化，有時也可說是一種生活化寫照的過程。當兒童在描述著這個遊樂場的設施、內容、發生的故事……，都是在反應兒童的生命經驗。

(二) 認同

這是兒童在遊戲治療過程最常出現的一種形式。兒童利用外在世界的實體或行為來賦予這外在實體另一種意義，例如兒童用一塊木板、布偶或石頭來代表一隻老虎，這個外在的實體就成了這個假想遊戲中的主體內容。認同的機制其實也就是一種象徵、想像的功能。記得在服務風災的受創兒童時，看到兒童拿起毛巾披在肩上，開始「颼！颼！颼！」的玩起颳大風的遊戲，此時，兒童不僅是運用一些物件、玩具，象徵性地玩起一個颳大風的遊戲，更是透過玩具與遊戲接觸到其內在有關風災事件對他的意義或影響。治療師不是用口語的詢問而是陪伴孩子遊戲的過程，來接觸到兒童內在世界。我想這也就是遊戲治療的奧妙與之所以會有治療效果的重要機制。

二、遊戲過程的親（owning）與疏（alienation）二元機制制促進兒童的轉變

遊戲本身所產生親（owning）與疏（alienation）的兩種機制，在兒童內在的運作是很有趣的，對此兩種機制的了解，可以讓治療師更進一步了解為何遊戲能產生治療的效果。

兒童在遊療的過程，「他」投入在遊戲中的同時，「他」卻也是處在遊戲之外。

當兒童玩起照顧小嬰兒或幫受傷的小熊擦藥而康復的遊戲時，這個小嬰兒或小熊被照顧的過程，也是兒童內在需求的表達，透過這樣的遊戲過程讓兒童「**親**」近他內在的需求。

　　當兒童在遊戲中說「動物們都討厭長頸鹿」時，這個「長頸鹿」可能就是兒童本身的投射。透過長頸鹿此玩具，讓兒童能表露及接觸此負面情緒，因爲此時是長頸鹿被討厭，不是兒童自身被討厭。這種讓兒童和被討厭的情緒保持一個距離的機制就叫「**疏**」離。

　　兒童透過遊戲玩具啟動親（owning）與疏（alienation）的兩種機制，接觸及處理自己的困擾情緒，是遊戲治療產生治療性功能的主要因素。「**疏**」離的機制是兒童透過遊戲治療中遊戲或媒材創作中的人物，讓兒童內在的負面情緒，在可以毫無壓力地釋放出來，得到情緒的紓解；「**親**」近的機制則是讓兒童接受正向的滋養，亦即兒童透過遊戲或一些媒材、物件修復負面的信念或受傷的經驗。

(一)「疏」離的機制讓兒童釋放負面的情緒

　　指的是將個人內在對外界情境、人、事或物的困擾情緒釋放出來。例如在假想遊戲過程，兒童演出「小白兔（兒童本身）怕老虎（權威人物）」的遊戲，此時，兒童內在害怕的情緒其實就是小白兔的情緒，但透過遊戲過程，兒童可以毫無壓力地釋放害怕情緒，因小白兔只是遊戲中的人物，不是兒童本身（疏）。所以，兒童在疏離的機制運作下，透過遊戲釋放負面的情緒。

　　實例介紹：在兒童遊戲治療的過程，畫人測驗是經常被應用且容易施測的工具，畫人測驗其實除了可以做爲診斷評估的工具外，也可以將「疏」的機制應用在畫人測驗上。

　　實施方式：

　　1.當兒童畫完畫人測驗，治療師根據兒童作畫過程和畫的內容作一些基本的詢問或反應。

　　2.治療師將兒童畫好的作品立起來或放到兒童前面，然後將畫中的人物和兒童作連結。

　　3.治療師開始透過畫中的人物，詢問一些和兒童困擾相關的問題或治療師想蒐集的資料。

　　情境：一位人際極不好的四年級男童。在第一次遊戲單元中完成了一張畫人測驗的作品。

治療師：嗯！小明謝謝你完成了這幅畫，我看到你畫了一個小男生，
　　　　　兩隻手放在背後，穿著一件有兩個口袋的上衣……。

兒　童：鞋子上還有一個蝴蝶結。

治療師：嗯！小明提醒我，鞋子上還有一個蝴蝶結。

兒　童：（很高興微笑）

治療師：如果他跟你也一樣，是一個四年級的男生，他也喜歡吃巧克
　　　　　力、不喜歡上學……（和兒童相同的背景），他在學校一
　　　　　個朋友都沒有。

兒　童：真的喔！好在！我還有一個朋友。

治療師：他比小明還慘，小明還有一個朋友。

兒　童：（注視畫中的人物）

治療師：好！小明，我想你一定很了解這樣的一個小男生，你猜他心
　　　　　理面最怕的事情是什麼？（接下來就是透過這樣的一種假
　　　　　想，詢問一些治療師想知道的一些較深層或兒童不易回答
　　　　　的問題。）

　　前述的遊戲過程中治療師描述：「如果他跟你也一樣，是一個四年級的男生，他也喜歡吃巧克力、不喜歡上學……（和兒童相同的背景），他在學校一個朋友都沒有。」其實就是一種疏離機制的運用，遊戲治療過程中其實談的是兒童本身的問題，但卻利用他所作品中的人物為焦點，這樣

的機制使得兒童表露負面情感的壓力及焦慮降低。

(二)「親」近的機制讓兒童接受正向的滋養

指的是兒童透過遊戲修復負面的信念或受傷的經驗。例如被遺棄兒童一直認為媽媽不愛他，所以在遊戲過程中，可能會重複演出恐龍媽媽一直排斥恐龍兒童的遊戲，但藉由治療師的專心陪伴、同理反應，以及遊戲過程的治療功能，兒童的遊戲內容轉換成恐龍兒童願意接納另一隻恐龍的照顧，或兒童自身開始照顧起這隻恐龍小孩。這樣的過程就是透過遊戲，進行自我滋養及修復受傷經驗。

實例介紹：針對一位目睹母親自我傷害的兒童，透過布偶的角色扮演，撫慰驚恐、害怕又擔心的心情。

先請兒童將情境中相關的人物找出來，然後演出一幕戲之後，再讓兒童和布偶對話，這樣的過程也有點像是心理劇的作法。

實施方式：

1. 請兒童將事件中的人物角色找出來。

2. 佈置當時的場景。

3. 請兒童以自己的想法演出一幕戲。

4. 和扮演兒童自身角色的布偶對話。

5. 治療師引導修正兒童的信念。

情境：一個前一天目睹母親自我傷害的兒童，內心很擔心父母親的婚姻，也擔心母親在家會不會再有意外。治療師先詢問家中有哪些人住在家裡，昨天晚上有哪些人在家，並協助兒童找出代表家中人物的布偶。然後做了以下的介入。

治療師：我知道你最近面臨一些很大的壓力，你不知道要怎麼辦？

兒　童：（低頭）嗯！

治療師：我很高興你願意來跟我說，現在想和你一起來編一齣戲。我們要演一個動物家庭發生的一件事，我們先來選擇這一家的家人，你用布偶把每個人找出來。

兒　童：（選擇布偶）這是媽媽、這是姊姊……。

治療師：事情是發生在那裡？

兒　童：家裡的客廳。

治療師：好！我們將它們的位置擺出來。

兒　童：（開始擺設）

治療師：（一邊重複這個是爸爸、媽媽、姊姊、妹妹等，再確認一下角色。但不以這個布偶就是「你」，而是以姊姊妹妹等方式稱呼，讓角色和兒童仍有一點距離）

治療師：你先演，「他們」發生了一些爭吵，是怎麼開始的……。

兒　童：媽媽打電話給爸爸……（開始拿起一個布偶講話）。

（治療師引導兒童演出的過程，同時注意兒童情緒。若會引起太強烈情緒，可以只要簡單帶過就可以，不必太讓兒童又陷入原先的情景、情緒）

治療師：（拿起代表兒童自身的布偶）我覺得她好聽話好乖，她為了怕爸爸媽媽吵架、離婚，她每天都好自動的寫功課、讀書、上學……，對不對？

兒　童：嗯！

治療師：現在父母又吵架，尤其是昨天的情形，她好擔心喔！小英！如果你是她的同學，你現在看到了他們家昨天的情形，你覺得這是她的錯嗎？

兒　童：不是！

治療師：我也同意，這都不是她的錯，可是她現在心情好擔心、好

難過，你跟她一樣都是一個六年級的女生，你一定很了解她，你跟她說說話。（將布偶交給兒童，鼓勵兒童抱著布偶）

兒　童：我覺得你不要那麼傷心……。

治療師：你真了解她，你抱抱她，一邊抱她一邊愛撫她。

兒　童：（一邊抱他，一邊愛撫）

治療師：你可以多說一些鼓勵和安慰她的話。

從治療師的「我也同意，這都不是她的錯，可是她現在心情好擔心、好難過，你跟她一樣都是一個六年級的女生，你一定很了解她，你跟她說說話。（將布偶交給兒童，鼓勵兒童抱著布偶）」到「你可以多說一些鼓勵和安慰她的話。」的對話過程，其實就是一個「疏」離到「親」近的機制，雖然兒童抱的是一個布偶，但他感受到的是自己被擁抱、了解與接納，愛撫著布偶的過程，其實也就是在對自己愛撫。配合治療師同理、接納及關心，當然就很具治療的效果。

情境：一個小二的兒童，因考試偷看同學的考卷被導師看見、揭發，全班都知道他考試作弊，使得他感到羞愧、丟臉、自責焦慮不安的情緒。在進行結構式遊戲治療的自由遊戲時，兒童自發主動挑選幾個小老鼠玩偶，玩起「黃色小老鼠請朋友到家裡玩」的遊戲，玩著玩著，兒童就大力地用手將其中一隻黑色小老鼠玩偶給撥出去。

治療師：你很大力將黑色小老鼠撥出去！

兒　童：他（黑色小老鼠）被踢出去了，因為他考試作弊。

治療師：他做錯事了，被處罰。

兒　童：對！（兒童隨即將被踢出去的黑色小老鼠拿回來）他還要被

罰跪！

治療師：除了被踢出去，還要被罰跪！

兒　　童：對！

（兒童玩了一會後，兒童拿了其他兩個小老鼠玩偶到黑色小老鼠玩偶身邊）

治療師：兩個小老鼠過來找黑色小老鼠。

兒　　童：因為他（黑色小老鼠）很悲傷，他們倆過來安慰他。

治療師：黑色小老鼠被踢出去，還被罰跪，很悲傷，很需要有人安慰他。

（治療師和兒童拿小老鼠做安慰黑色小老鼠的動作，並一邊發出「修、修」安慰的聲音）

（接著兒童烹煮一些食物讓小老鼠們吃）

兒　　童：他（黑色小老鼠）想跟大家道歉，請大家原諒他。

治療師：黑色小老鼠能知道自己錯了，且還能主動和大家道歉，那需要很大的勇氣才能做到的！但是黑色的小老鼠做到了！黑色小老鼠好勇敢！好棒呦！

　　從上面例子，可以看見，遊戲治療過程中「**疏**」的機制，兒童可透過遊戲，透過作弊的小老鼠玩偶，將其羞愧、自責的情緒，以及對作弊的想法，透過遊戲、玩偶投射與表達出來，達到情緒的紓解，紓解之後，兒童也能感受與表達被狠狠處罰的黑色小老鼠也很悲傷與難過，是需要被安慰的，因而安排兩個人偶去安慰黑色小老鼠，啟動了治療過程中「**親**」的機制，使兒童得到內在正向的滋養；同時，也在遊戲中，透過黑色小老鼠的道歉行動，讓我們看到兒童對此事件的內在省思與統整，更透過治療師的陪伴、同理、接納與肯定黑色小老鼠的行動，大大地提升了兒童受損的

自尊。這樣的過程就是兒童透過遊戲，進行自我紓解情緒、滋養及修復受傷經驗的過程，可說，透過遊戲兒童完整地處理現實作弊事件對兒童的衝擊。

三、遊戲沒有特別標明學習目標

　　過去到學校進行遊戲治療的經驗，發現學校的老師常會對著兒童說：「老師來了，準備上課囉！」一聽到「上課」二字時，當下其實是很想立即澄清這個迷思或誤解：治療師不是「教師」，「遊戲治療」也不是「上課」，而結構式遊戲治療當然不是教學，更不是獎賞的增強物。

　　記得否？結構式遊戲治療的核心目標就是要創造一個「正向且獨特的陪伴經驗」給兒童，這個目標是有別於我們平常上學、上課或學習時的那種目標，它就是一種沒有特別標明的學習目標。那什麼叫做沒有特別標明的學習目標呢？！

　　試想你每天在公司或工廠忙忙碌碌的工作，若遇到特別的旺季時段，或是被老闆或上司委以特殊的任務時，那就更忙碌了，有時壓力也非常大。請問此時的你最渴望的一件事情是什麼呢？可能就是希望能夠好好的放一天假，什麼事都不做，讓你好好的睡一覺、好好的休息，或是請個幾天假好好的出去休閒放鬆。這個「睡覺」、「休息」和「休閒放鬆」雖然沒有特別標明的工作任務或績效目標，但對每個人而言卻是相當重要的，當你好好的休息或度個假之後，你會更有滿滿的能量投入工作。

　　我常說一週有七天，一天有二十四小時，平常學校的老師及父母親都不斷地教導兒童要學習各種知識、生活規範、做人做事的道理，其實認真想想，有時候兒童打從一早起床到晚上就寢，可能都不斷的被教導、被提醒。尤其是行為、情緒或人際互動上有狀況的孩子，或是一些被診斷為特殊兒的孩子們更是如此。這些教導、提醒其實都是需要的，但若整天都是

在這樣的氛圍中，不就是像前述的在忙於工作之餘，有時是很需要一些休息或休閒放鬆。各位讀者或家長們此時你應該了解，結構式遊戲治療爲何將沒有特別標明的學習目標視爲重要的治療元素之一。

我們每週有一個小時左右的遊戲時間專心的陪伴兒童，這一小時就是沒有特別標明的學習目標，治療師不教導、不提醒，就是看兒童想做什麼，即使兒童什麼都不做也沒關係，此時治療師還是要不斷的反映兒童的心情、想法或內在的感受，有時兒童會有一些細微的改變，治療師都要敏銳的察覺到然後即時的反映，例如看到兒童眼睛一直盯著某個汽車玩具，但就是不敢過去拿起來玩，治療師可能就可以反映說「我看到你一直看著那輛汽車，但不曉得是不是可以玩？」「你有點猶豫，在這邊你想做什麼、玩什麼都可以自己決定的。」

由此可知，兒童在遊戲單元中可以很開心的玩，也可以什麼事都不做，也可以將某個遊戲或某個玩具只玩一半就不玩了，因結構式遊戲治療是沒有特別標明的學習目標，但每位治療師還是跟隨著兒童的狀態，要做到「停」、「看」、「聽」的專心陪伴。

四、遊戲有「勝負」的形式，不會有「輸贏」的心理負擔

遊戲是兒童探索及經驗世界的方式，經由遊戲兒童建立自己與世界，以及自己與自己的關係（Frank, 1982）；也經由遊戲，兒童了解自己以及他人（Axline, 1982）。結構式遊戲治療重視陪伴兒童的過程，遊戲過程中，當兒童表達負面、否定或拒絕的情緒行爲時，治療師的接納與一致，正是讓兒童體驗正向且獨特陪伴經驗的關鍵。

在實務經驗中經常會碰到兒童在遊戲過程中非常重視「輸贏」，我們都知道得失心太重時，人反而容易焦慮、緊張，我也常說前三名永遠只有三個，若兒童非常在乎每次考試是否能得到前三名，那可以大膽的預測每

次的考試他都是會有很高的焦慮感。人是不可能一輩子都維持在前三名的
狀態！所以當兒童很在乎前三名時，會是一件很麻煩的事情，這個在乎前
三名也就是一種很在乎「輸贏」的心態，結構式遊戲治療的訓練就是要讓
治療師透過適當的反映，雖然有「勝負」的形式，卻不會有「輸贏」的心
理負擔，亦即引導兒童能欣賞、看重自己在整個過程的投入，而不是在乎
那個結果，透過治療師的回應與態度，讓兒童重新看待「輸贏」的意義。

實例介紹：小六，父親癌症病逝，單親的阿仁，喜歡和老師下棋，一
直想要贏棋的阿仁，會不發一語、專注的思考下一步，贏了棋的阿仁，會
開心的歡呼。

> 治療師：看到你如此專注的完成一件事，真是讓人欣賞！（阿仁笑笑
> 　　　　的臉龐，充滿被讚美的喜悅！）
>
> 阿　仁：我可以贏過班上很多同學喔！（阿仁有點得意的模樣）
>
> 治療師：你不但棋藝高超，而且願意指導略遜一籌的老師，真是善良
> 　　　　的小孩！
>
> 阿　仁：還有同學比我屬害啦，老師也不錯啦！（被讚美的阿仁，有
> 　　　　點不好意思，靦腆的笑笑）
>
> 治療師：你真正讓我喜歡的其實是你的謙虛，而不是贏棋的屬害！
>
> 阿　仁：謝謝老師！（阿仁摸摸自己的頭）
>
> （阿仁的臉上很平靜，除了贏棋的快感，阿仁似乎正在理解專注、善
> 良以及謙虛的意義）

上述的例子，治療師做了一個非常重要的示範，重視遊戲過程中正
向的元素，遠比是輸或贏的結果，更讓人覺得珍貴。遊戲雖然有「勝負」
的形式，但結果的「輸贏」變得已經不再是重要的價值了。一個完整的遊

戲治療過程，常會在深刻的體驗後出現新的領悟，這個領悟是一種新的認知，一個新的自我價值。這個新想法，有可能使兒童的情緒與行為跟著改變。上述的故事，阿仁從治療師的陪伴過程中，有了新的領悟以及不同的想法，相信遊戲的「輸贏」對阿仁而言，應該不再會是一種心理負擔了。

　　由此可知，當你的孩子考試成績達到前三名時，記得要將他考試前專注、努力、投入地準備考試的態度及過程要反映出來，讓兒童知道也感受到我們在乎的是他那個努力的過程。

　　「爸爸有看到你在考試前，每天六點就起床讀書複習功課。」
　　「我有注意到，你考試前那幾天，每天晚上七點就開始讀書，我有看到你很認真準備考試！」

　　這是多麼重要的一件事情，當兒童學習到對任何事情在過程中都是專注投入與努力的，但卻又不會太在意事情的結果。若每個人從小就學習到了，每件事情都是抱著專注、努力的態度，那事情的結果怎麼會不好呢！太在意結果反而帶來太大的焦慮與壓力。

　　玩遊戲雖然有勝負之分，但遊戲時的恆心和耐性遠比輸贏更為重要喔！所以，當兒童很專注的在玩疊疊樂時，治療師就要將這個專注細心的態度好好地反映出來，至於排到第幾層？最後是不是倒下來了？那就不是最重要了！這也就是結構式遊戲治療強調的治療元素之一，有「勝負」的形式，不會有「輸贏」的心理負擔。

兒童開心自由的玩

第二節　投入、喜歡遊戲的轉變機制

　　兒童不管是利用何種媒材進行表達，都是遊戲治療的過程，過程中兒童玩的玩具，遊戲的過程與主題都是兒童的表達內容。治療師就是要建立一個讓兒童可以輕鬆、自在、有安全感的氛圍去玩，兒童越是投入、越是充分地玩就是一個豐富的表達，當兒童投入在遊戲過程時，就會生這幾種轉變機制：(1)對遊戲的喜歡與樂趣就是一種轉變機制，也是促進各種轉變機制產生的基礎；(2)投入於遊戲過程就具有治療的效果；(3)遊戲是兒童主動參與而非被動參加；(4)遊戲過程就是將兒童和問題分開；(5)遊戲過程協助兒童面對困境、接觸其困擾；(6)遊戲過程協助兒童創造新的可能。

一、對遊戲的喜歡與樂趣就是一種轉變機制，也是促進各種轉變機制產生的基礎

　　趣味性看似一簡單的因素，但卻在遊戲治療的轉變機制中扮演著重要的角色，因它具有降低緊張、去除防衛的功能，因趣味性使得兒童會喜歡透過玩具、遊戲來表達或處理他內心的緊張。例如兒童用布偶演出一個緊張的小男孩（兒童投射）時，他可以盡情的表露這個小男孩緊張、害怕的情緒，因這個布偶不是「他」，是「布偶」在緊張，不是「他」在緊張。再則就是好玩、有趣本身就具抒解情緒與壓力的效果，所以，我常說結構式遊戲治療是一個情感導向的過程，不是在做一個有規範要求的工作，沒有被賦予要完成一個任務，兒童只要很開心的投入在遊戲中就有治療效果。所以，我們不也常說「休息是為走更長遠的路」這個休息不是無所事事，而是要做一些有趣味的事情，遊戲恰好扮演具備此功能。

　　Axline（1947）講過這樣的一句話：「幫助兒童在最愉悅的情境下經驗到成長的滋味。」

　　兒童藉著遊戲把內在的情緒玩出來，藉著遊戲去面對自己內在的情緒，進而學習去控制他們。因此，兒童能夠透過遊戲，意識到存在於自己內在的力量，漸漸了解到可以靠自己來思考、判斷、做決定。

　　談到歡樂氣氛，腦海中立刻浮現起一個令人印象深刻的廣告，內容描述的是新居宴客的場景，女主人帶著幾位女性賓客進到獨立的更衣間，在場女性一看到滿室亮麗的衣物頓時驚呼連連，不到幾秒鐘，女性們被另一陣驚叫聲吸引過去，發現是男性賓客們所發出來的。你猜，令他們如此興奮而狂叫不已的是什麼？原來是……數以千計的啤酒！成人的世界裡，華服、美酒可能是連結正向經驗，而有強烈歡樂感受的重要物品。同樣的，在兒童的眼中，遊戲室裡豐富且吸引人的各類玩具便是令其把玩再三、流連忘返的主要原因。

　　一間設備完善的遊戲室具有降低兒童緊張、焦慮與抗拒的功能。對於大多數人而言，我們很難選擇自身的處境；對於兒童來說，面對兒虐婚暴、父母失和離異、親人逝世等重大事件，更是生命中難以承受的重！承受類似負面經驗的兒童進到遊戲室，透過自由遊戲或策略遊戲的歷程，他們得以暫時轉移注意力，重拾歡樂時光。

二、投入於遊戲過程就具有治療的效果

　　人其實是有很強的自我療癒能力。尤其兒童在遇到困擾、不適應的情境或遭受到事件而有創傷時，只要提供適當的情境與機會讓兒童充分表達，兒童就會修通、修復這些困擾、不適應行為或創傷。

　　在遊戲治療實務上，當我們聽到或看到孩子表達下個禮拜還要再來、他很喜歡遊戲室、他喜歡治療師用這個方式陪他玩、他喜歡這邊的玩具、他還想要玩什麼等，這都是一種兒童喜歡遊戲治療的一個重要象徵指標，這也表示這遊戲治療的過程，讓孩子感受到放鬆與喜歡，讓孩子喜歡遊戲

治療本身就是一個很具治療效果的機制。投入遊戲有幾個具體的象徵指標：

1.兒童在遊戲過程中，玩出有主題、有情節的遊戲內容。

2.兒童的遊戲是有發展性的，也就是會一直隨著遊戲的內容有持續的進展與轉變。

3.遊戲的過程中兒童是專注的，有些兒童會邊玩邊講述其玩得內容有些兒童就是安靜地專注地投入於遊戲或創作的過程中。

4.若是具有建構或創作的遊戲過程，到最後是會有一個作品的呈現，例如完成了一個積木的作品、擺了一盤沙盤、用黏土完成了一個作、用積木樂高組合出一個作品、運許多物件擺設出一個有主題的創作、兒童用圖卡編了一個故事等等。

另外，結構式遊戲治療在在實務上，會建議治療師建構一些如束口袋、布偶客體等活動，若兒童會期待、喜歡這些活動，或兒童也自身創建一些跟治療師特有的互動。以上這些都是兒童投入、喜歡遊戲治療的象徵指標。

三、遊戲是兒童主動參與而非被動參加

既然遊戲室中的玩具是帶來歡樂感的重要媒材，那麼打開玩具且清楚地陳列，不但便於兒童一目了然，傳遞歡迎兒童使用的訊息，也能促進兒童主動參與。

仔細觀察初次進到遊戲室的兒童，因個人獨特的氣質與處境而展現出不同的樣貌。害羞內向、親密需求高、含羞草型的兒童常小心翼翼地碰觸玩具，或是頻頻徵詢治療師的同意後才放心地玩；有的甚至一件玩具也沒碰，只是靜靜地坐著；而大方外向、權力需求高、孫悟空型的兒童可能會興高采烈地把所有的玩具都迅速玩過一遍，或是熱情邀請治療師加入他的

遊戲，直到遊戲單元結束仍表示意猶未竟，遲遲不肯離去。

不管兒童投入遊戲的樣貌爲何，遊戲治療並非只是在一旁看兒童玩就好，兒童不會因爲開心玩一玩後，個人的傷痛或困擾就一掃而空。除了豐富的媒材外，治療師專注與尊重的態度以及適切的反應是重要療效因數之一。Landreth（高淑貞譯，1994）建議治療師的視線要隨著兒童的移動而移動，換句話說，腳尖要隨著鼻尖轉動。專注的神情與姿態，伴隨口語的追蹤描述或是同理反映，營造出此時此刻與你同在的氛圍，即能提供新的矯正性情緒經驗，進而鼓勵兒童主動參與遊戲並積極探索、挑戰自我。

有個原生家庭疏於照顧的小六男童，前幾次來到遊戲室時，幾乎每一件玩具都要摸過一遍，過程中都保持沉默不語。治療師只是安穩地坐在遊戲室的一角，專注地陪伴他並跟隨其步調，追蹤描述行爲，並未積極介入或主導。

「你把那個拿起來，看了看，又放回去。」
「你注意到這裡有個東西，你摸了它一下。」
「你一直遠遠看著它，現在你還不想玩那個。」

對兒童而言，這種安靜地探索行爲看似消極、被動，其實也是一種參與，一種體驗。在治療師的陪伴之下，充份體會著被看見、被關注、被接納以及被尊重的感受。兒童會逐漸的玩出自己的樣貌，也就是會顯露最眞實的本性。經歷幾次遊戲單元後，兒童選定了軍人、戰車等小物件，多次演出兩軍對戰的遊戲主題。也許兒童難以改變生活現況，但在他的遊戲場中，他可是運籌帷幄、立擋千軍萬馬

兒童主動投入於遊戲

的一名大將！

　　隨著關係的深化，有一次兒童主動邀請治療師一起玩象棋。治療師雖深諳象棋玩法，卻更想引導兒童說出他認定的遊戲規則是什麼，因此提出了這樣的請求：

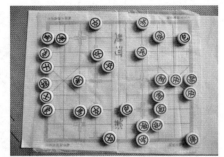

　　「我有點忘記玩法，你可以教教我怎麼玩象棋嗎？」

　　兒童聞言很熱心地一一說明棋子的走法。在雙方都有共識之下進行對弈遊戲，倘若兒童違反遊戲規則，治

棋藝遊戲協助兒童遵守規則

療師則會透過設限，協助兒童提升秩序感與為其行為負責的責任感。

四、遊戲過程就是將兒童和問題分開

　　筆者很喜歡「先接觸兒童，再接觸問題」這句話，因為結構式遊戲治療的過程強調的是專注的陪伴兒童遊戲，反映兒童當下的遊戲內容與他的心情。在這樣的氛圍中，當**兒童運用各種物件、媒材進行遊戲，透過遊戲傳遞了他所建構的世界，也透過遊戲重新建構自己的故事，解決自己的困擾**。所以，我說遊戲與玩具協助治療師將兒童與問題分開，兒童也透過遊戲與玩具表達出他的困擾，而不是呈現說他是一個有問題的兒童。

　　當兒童運用玩具、蠟筆、黏土、布偶等媒材進行遊戲的過程，就是已經在將其問題獨立於自身之外了，例如一位經歷重大風災事件的兒童，不斷地用黏土捏出房子或人物，然後又將這其摧毀掉的過程，他已經很深刻的接觸其遭逢風災時所給他的驚嚇、擔心、害怕等情緒。這樣的遊戲過程，治療師看到的是兒童的遊戲過程，看到的是他表達經歷風災事件時的

驚嚇、擔心或害怕的心情，看到兒童是如何的表達風災事件的印象及對他的影響。

　　上述這樣的過程，因爲就是一個遊戲過程，所以兒童不會呈現當時發生風災時的心身反應，但卻可以很深刻表達風災事件的印象及對他的影響。這就是我說的「**遊戲過程就是將兒童和問題分開**」。

五、遊戲過程協助兒童面對困境、接觸其困擾

　　遊戲過程或是兒童創作出來的作品，都具有視覺、聽覺的影音效果，**兒童的作品更能產生一種「停留」的效果，這個「停留」就產生了一種充分表達的機制。**

　　結構式遊戲治療深深地認爲遊戲過程就是兒童的「分享」、「表達」，若是投入遊戲就是在做充分地表達，在「表達」一個事件、一個經歷、一個想法……，這個「表達」就是兒童主觀的經驗、感受與心情，也就是兒童爲主體的自我敘述，這是很具治療效果的。

　　以下是一位目睹家暴兒童投入於遊戲，創作出來的一個作品，這個遊戲過程及其創作作品，就是兒童的充分「表達」其困境的最佳例子。

目睹家暴兒童作品

上述的作品內容充滿了情緒的張力。兒童在作畫的過程是充分且豐富的表達他個人內在主觀的感受、心情。也就是不斷地在充分「表達」他所經歷的一個事件、一個經歷、一個想法。

六、遊戲過程協助兒童創造新的可能

當遊戲過程就是將兒童和問題分開時，兒童自發地創造新的可能就已悄悄在其內在建構起來了。我很喜歡敘述治療重寫（re-authorizing）新的故事的觀點，相信兒童具有重新發展生命故事腳本的能力。兒童豐富的想像力與創作力都在將舊故事分解，注入新的詮釋和生命感，其實也就是在重寫他的故事了。這也是我喜歡遊戲治療及佩服兒童的原因，因為引出改變的人是兒童自身。例如一位目睹家暴的小女生，在擺設任何的社區、游泳池、運動場、學校、市場等等情境時，都一定會加上警衛守護著這些地方，這個警衛是兒童創造出來的，這個警衛是兒童內在建構的，這個警衛讓她更有安全感，這個警衛也讓她敢去做一些新的嘗試。因為有了這個警衛，看到在那些情境中的人可以輕鬆的自在的從事任何事情，沒有擔憂害怕與驚恐。我說這就是**遊戲過程協助兒童創造新的可能。**

有時，治療師對兒童作品的欣賞與好奇，透過一些簡單的問句詢問也具畫龍點睛的效果，這些問句不是在指導兒童要朝著改變的方向走，而是引導兒童將其內在的想向與創作的能量具像化、具體化，亦即也讓兒童可以感受到自己的這份能量。

> 「如果有天使，這個天使可以給你三個願望來改變你現在的生活，你會優先改變哪三件事？」
> 「如果你有哈力波特的魔法棒，你會來改變什麼？」
> 「如果你可以決定，接下來你希望會……。」

「你想告訴他們什麼？你教教他們一些好方法。」

「他們在什麼情形之下，會有不一樣的互動。」

「當你畫完之後，你的心情、想法有沒有跟過去有什麼不一樣？」

第三節　正向依附關係建構的轉變機制

　　遊戲治療過程就是一種人際互動，也是一種安全依附關係的建立過程，安全依附關係的建構通常是透過實際的親子互動過程逐步建立，親子之間有較長的時間在一起，在一起的感受是快樂的，父母能了解兒童的生理心理需求並給予適當的滿足。由此可知，**安全依附關係的建立，是需要透過實際的互動，滿足兒童的親密性和一致性的需求**，親密性就是能感受到對方的關心、了解與接納；一致性則是穩定的環境，生理、心理和社會三方面的需求都受到有一定水準且持續的照顧（James, 1989, 1994）。**這個滿足兒童的親密性和一致性的需求**，也是結構式遊戲治療的核心理念，也就是筆者一直強調的透過治療師專心的陪伴與適當的反映，建構一個「正向且獨特的陪伴經驗」給兒童，這也就成為遊戲治療過程中非常重要的轉變機制。

　　更具體闡釋建構安全依附關係的內涵，可以從安全依附關係的屬性包括：接近、互惠及投入來說明。接近意指治療師與兒童之間能有正向的接觸，治療師能了解兒童的需求和情緒狀態，同時又能適度讓兒童獨立，使其了解自己和別人及環境的不同。互惠是指治療師能敏感地了解兒童的需求，同時兒童對治療師的表現也能有所回應。投入指的是治療師能以兒童為中心，為其建構一個安全的環境（Booth & Koller, 2001; Jernberg & Booth, 2001）。為了使接近、互惠及投入這三

個屬性的概念能夠更具體的被運用，且能有效地區辨安全依附關係的特質，Marschak依此三個概念建構出結構性、參與性、撫育性和挑戰性等四個具體的互動向度。這四個向度的內容是可以做為建構一個親密且一致安全依附關係的依據（第二章第三節有詳細說明）。其中的挑戰性向度的內涵是鼓勵與提升兒童的自尊自信，這再下一節會有詳細說明。參與性係指治療師與兒童都投入參與於兩人互動過程，兒童的參與與投入所產生的轉變機制，這在第二節也已詳細說明。故本小節僅就「結構性」之結構式遊戲治療穩定的開始與結束架構就具有治療效果及「撫育性」之滋養撫育是治療成效不可或缺的轉變機制來做說明。再則就是與依附關密切相關的過渡客體，也是促進兒童轉變的重要機制，故本小節也增加介紹**關係的建立與實踐——「夠好」的客體**此轉變機制。

一、結構式遊戲治療穩定的開始與結束架構就具有治療效果

在結構式遊戲治療中，「結構」的概念相當重要，或許可以先試想一下結構所帶給你的感覺是什麼？例如參與了一堂很有結構的課，意味著講者可能在一開始就告知學員這堂課進行的方式、教授的內容大綱、欲達成的目標等，此時學員會有什麼感覺呢？原本面對不熟悉的講師、不熟悉的環境下，因為對課程的結構有所了解，因此可能對整體課程和講師就更有掌握感、熟悉感、安全感，因為學員知道目前正進行到哪裡，而接下來的課程會進行什麼內容。回到「結構」在治療中的意義，治療師將治療過程「結構化」，意味著將治療塑造成一個有規律、可預測、穩定且一致的狀態，兒童每次進行治療時都能預先知道治療的開始到結束可能會進行什麼樣的活動、哪些時候是可以充分自主的、哪些活動是像儀式般的每次都會進行……。

　　這樣治療的結構化對於兒童的控制感與安全感有提升的作用，特別是對具有創傷的兒童。記得在八八風災時，當時的救難隊因應現場狀況臨時將小林村受災戶的鄉民（含兒童）安置在分別兩處，一處是由社福單位接管，另一處則是先安置在軍營中，在八八風災過後的幾個月，我們發現在軍營裡被安置的鄉民（含兒童），竟然比社福單位接管的鄉民（含兒童）調適的更好，後來我們發現原來是因為在軍營裡的鄉民（含兒童）住在軍營裡和軍人有一樣規律的作息、一致的活動，在軍營裡凡事都能預測與掌控，使得這些鄉民（含兒童）逐漸恢復穩定的狀態。

　　從這個例子我們可以看見「結構」對兒童而言具有重要的影響力，而為什麼兒童能因為外在環境的結構化而影響自己的內在狀態呢？因為這與兒童內在的表徵世界有關，兒童的內在表徵世界是倚靠外在的世界所建立的，有可能是父母或親近的熟人，當父母建立出一個穩定、可預測及一致的態度與環境時，兒童在情緒與認知上也能建構出一個相對穩定的狀態。我們時常教育父母在家庭中若不幸事件發生，只要父母的態度是平穩且可預測，兒童通常不太會受到不幸事件太大的影響，因此我們可以知道「結構」所要帶出來的轉變機制其實就是一個可控制、可預測、穩定與一致的狀態，我們不僅是強調治療師個人是一個可預測、一致且穩定的人，也強調塑造一個可控制、可預測、穩定與一致的治療環境，藉由治療師與治療過程的結構化就能加倍治療的效果。

　　總之，**結構會讓人有安全感，穩定的結構就會產生功能，不同的結構或有不同的功能**。將上述理念運用於結構式遊戲治療，就是透過具體明確的陳述遊戲規則，界定明確活動的區域、時間的限制等方式建構出清楚的界線，然後在這界線範圍之內，允許且鼓勵兒童自由自在的探索。由此可知，當兒童一進到遊戲治療室，治療師明確的告知：「這裡就是遊戲室，我們的遊戲時間是幾點到幾點。」然後再說：「這邊你可以用你自己的方

式玩這些玩具。」這兩句話是重要且有治療效果的。因這樣的回應具有至少以下兩種意義：

1. 治療師所建構的遊戲室（遊戲袋）、玩具及空間，傳達一種接納與友善的象徵。

2. 就是治療師要建構固定而有規律的遊戲時間，建構安全及夠隱密的空間，及治療師的陪伴及回應態度，讓兒童感受到一種穩定且一致的安全感。

3. 結構式遊戲治療本身建構的一個接觸、遊戲和歷程回顧的架構，就具有讓兒童產生安全感的效果。

因此，在結構式遊戲治療的操作中，我們會秉持依序三段式的概念（下一章開始詳細介紹）來進行治療，三段式的架構能提供治療歷程更加結構化，當然結構式遊戲治療學習所介紹的這個架構重點在架構，不是僅僅於每個遊戲單元開始很形式地用布偶客體跟兒童打招呼，或是結束前的束口袋活動。在遊戲治療實務上，治療師面對不同議題的個案時，可能有會創造出一個治療師和兒童特有的開始或結束的活動，這是非常有治療效果的，亦即整個架構的活動是可以變化的、可以調整的，重點是我們要要建構一個可預測、穩定、一致，像儀式般的活動，這就會讓孩子更多的安全感，對關係的建立是有正向幫助的。

二、滋養撫育是治療成效不可或缺的轉變機制

結構式遊戲治療過程中滿足兒童其被撫育的情感需求，會使用許多撫育性的活動，例如運用布偶與兒童有適當的正向觸碰如握手、give me five、擊掌、打勾勾、提供糖果食物的猜謎活動等，有時講述一本可以反映了兒童心理狀態的繪本也都很具效果，這樣的活動提供兒童重新經驗這個世界是溫暖的、安全的。結構式遊戲治療結束前的歷程回顧，經常配合

著邀請兒童猜測放入糖果或餅乾的束口袋的遊戲，這個小小的活動其實就蘊含著撫育性向度的內涵。總之，**撫育滋養的具體展現就是讓兒童感受到：我在這裡陪著你，我看到你內心的需求。**

　　另外，值得治療師關注的就是當兒童在遊戲治療的過程中，以下幾種都是滋養撫育轉變機制出現的象徵。

　　1.玩出滋養撫育的遊戲內容，例如照顧病人、照顧小朋友、煮飯煮菜給動物或玩偶吃。

　　2.在遊戲過程中，兒童表達出遊戲中人物內心渴望被關心、被安慰、被照顧的主題。

　　3.兒童遊戲治療之初，對於動物玩偶是忽略或不在意的，但隨著遊戲過程的進展，兒童開始去關注這些動物玩偶，甚至會去照顧這些動物玩偶。

　　4.兒童從玩出受傷、被忽略甚至被虐待的遊戲主題，逐漸玩出被照顧、被呵護、被關心的遊戲主題等。

　　以上這些都是滋養撫育轉變機制產生的重要象徵，這些滋養撫育主題產生，也象徵著兒童內在也感受到被滋養撫育的經驗，所以其遊戲內容也出現滋養撫育的主題。

三、關係的建立與實踐——「夠好」的客體

　　諮商輔導或遊戲治療過程中最重要的治療因素就是「關係的建立」敘說治療強調過去閃亮的經驗，人際歷程理論、依附關係理論、客體關係理論也都強調安全的基地，表示新的正向人際經驗可以修復過去中的創傷經驗。

　　雖然不同學派有不同的哲學觀及各自獨到的介入方法，但無庸置疑的就是一個好的關係是治療有效必備的元素。

　　但什麼是「關係」呢？什麼才是所謂好的關係呢？筆者以依附理論及客體關係理論的理念為基礎，加上個人在結構式遊戲治療實務及督導工作的體會，統整有關建立好的關係的學習與體會，茲說明如下。

(一) 過渡客體：好關係的具體表徵

　　一個小嬰兒出生後的幾年，若被媽媽細心的照顧與呵護，建立非常好的關係，就可以讓兒童成為一個有安全感、有信心、情緒穩定的小孩。在這樣的一個照顧過程，兒童會逐漸地將媽媽陪伴過程有關的物件與媽媽做連結，這些物件其實就是所謂的「過渡客體」，這些物具有讓孩子情緒穩定及安全感的功能。這些物件與這個「好的關係」有緊密的連結。常聽到的物件就是「奶嘴」、從嬰兒時期睡覺時蓋的「毛巾」、「枕頭」。這個「毛巾」、「枕頭」隨著兒童的成長也逐漸破舊，但孩子每晚睡覺時都還需要抱著這條破舊的毛巾或枕頭才能安穩的睡覺。這個毛巾和枕頭就是好的關係的具體表徵，也就是所謂的「過渡客體」。

　　中國人常說「睹物思情」，這句話的重點是「睹物」，這個「物」當然就是一個具體的物件，試想漫長人生中，有很多人或事我們可能一輩子都忘不了，若這些人或事留給我們的都是正向的經驗，那我們的一生會是比較幸福快樂的。筆者曾在中途學校教過五年書，中途學校的學生都是輟學蹺家及嚴重行為偏差的學生，在中途學校五年的教學經驗中，對這群孩子也有比較深的認識，我的一個深刻體會就是，這些孩子的成長過程中，真的要比我們一般的學生少了足夠多及足夠好的生命經驗。若他們有足夠多及足夠好的生命經驗，或許他們就不會走偏了。

　　這些足夠好的生命經驗其實都也伴隨著很多的物件，平常我們都把這些好的生命經驗收藏在我們大腦記憶中，可能會在某個時間或看到、聽到、聞到、吃到跟著經驗有關的物件時，就會觸動我們將這好的回憶喚醒，這些可以看到、聽到、聞到或吃到的物件，就是睹「物」思情的

「物」啊！好比四、五零年代出生的讀者們，可能聽到校園民歌時，就會喚起當年還在讀書時的種種回憶，此時這個「校園民歌」就是我們所謂的「物」。這個「物」絕對是具體或具像的。各位在試著揣摩一下，現在若真的就正在播放著民歌，喚醒你過去年少時代的種種回憶，跟只是閱讀或口語聊天到年少時代校園流行的民歌時的感覺，會一樣嗎？我想絕對是有很大的差異，有具體或具像的物件更能動人心。

(二) 儀式般的過程

　　「好的關係」建立通常都還有一個特色，就是會有一過程，且是一個穩定規律的過程。試想一對男女從相識、交往、戀愛到結婚，不也是代表著關係進展的一個過程。因此「好的關係」建立的一個基本條件是要穩定規律的出現，但光這樣還不夠，在這穩定規律出現的過程要再加上一些「象徵物件」或「儀式」。這些「象徵物件」或「儀式」可能是自然伴隨在這過程中，也可能是刻意安排的。例如男女朋友每次約會都在轉角的咖啡店，那這家咖啡店就會是很重要的「象徵物件」，日後這對男女朋友不管是分手或結為連理，只要他們再看到這家轉角的咖啡店，絕對會喚起他們這段將往過程的回憶。另外刻意安排的象徵物件或儀式可以舉林書豪在與隊友費爾茲（Landry Fields）上下場交換過程中，會有一個固定的「聖經書呆子打氣法」招牌動作，這個招牌動作其實就是他們創造出來屬於他們的一個儀式，這個儀式對他們來講具有重要的象徵意義，更是好關係的象徵。

　　通常遊戲治療都是規律穩定的見面，因此只要在遊戲治療過程中加入一些「象徵物件」或「儀式」的元素，就更可以讓遊戲治療更有效能。我想各位讀者也一定可以很有創意的建構這些元素，例如每個遊戲單元結束前，治療師進行的束口袋活動，或是寫卡片、畫心情、一個give me five的動作、唱一首共同選出來的歌等，都具有這樣的效果。

(三) 「特別時間」的象徵性物件

前面提到「好的關係」建立通常會有一個穩定規律的過程。但在特別的時間、特別的節日或特別的活動也會產生很強烈的象徵意義。例如結婚時的戒指、項鍊，父親送給小孩的畢業禮物、生日禮物等，或是第一次要出遠門、出國時爸媽對孩子所說的一席話、吃的一頓飯……，這些都會是刻骨銘心的物件，象徵著很多很多的意義。這些物件可能僅出現一次，或只是一個短暫的過程，但他所象徵的意義、價值及產生的力量卻是無可限量的。

因為是特別的時間所留下的象徵性物件，所以是很具象徵意義的，因此在遊戲過程中有關學生的作品、給學生的回饋卡片或任何可以留下來的物件，都盡可能的留下時間，在日後回顧時就可以一一把這些特別時間的象徵物件與整個遊戲治療連結起來，這也是很具療效的。

(四) 「珍藏」具有涵融接納的象徵

關係也是需要被珍藏的，珍藏也代表著一種「我能感」，是我決定要珍藏哪些東西，因此一個「珍藏」的動作就很具意義及治療效果的。要將「珍藏」動作運用在遊戲治療過程中，會建議治療師準備一個精美的收納盒、空白的繪本、剪貼簿來黏貼有關的作品、相片，或運用美勞用紙一張一張的黏貼遊戲治療過程的作品、相片，最後再製作成一本手工書。

各位若看過「點」繪本就可試著體會當小薇看到自己畫的「點」被老師裱起來，並珍藏吊掛在教室牆壁上時，那種被接納被看重的感受是很深刻的。另外自己珍藏自己喜歡的物件也很具提升自我的效果，例如看著自己平日蒐集的書籤、遊戲王卡、偶像的相片等，內心都是愉悅開心的。

綜合第三、四兩點的內涵可以得知，治療師準備一個類似百寶箱的盒子或箱子，讓兒童珍藏蒐集他遊戲治療過程的作品、相片或兒童生活中喜歡或有意義的物件，都是勒常具有治療效果的轉變機制。

第四節　提升兒童自尊與我能感的轉變機制

　　結構式遊戲治療相信不管是哪個類型的兒童個案，他們多少都有不愉快的生命經驗甚至是受創的經驗，這些經驗都讓兒童的自我、自尊、自信受到很大影響，有的兒童甚至會變的退縮、自我封閉。而遊戲治療的玩具、遊戲就是最能引導兒童表達的，表達不僅是指兒童透過玩具玩的很投入很開心，兒童不玩玩具也是一種表達，兒童換了玩具或有了不同的玩法也是一種表達，兒童創作出來的作品更是一種豐富的表達。這樣的表達有可能產生前述「**投入、喜歡遊戲的轉變機制**」，而本小節則是分享在兒童有所表達時，治療師如何透過反應，進一步產生提升兒童自尊、我能感的轉變機制。

　　在結構式遊戲治療過程中，常看到兒童突破困境或為自己設定更高的挑戰目標，這樣的過程都讓兒童相信自己更有能力，或相信自己在某些活動上可以表現的更好，而且挑戰過程中常是愉悅與快樂的，例如兒童玩樂高組合玩具、疊疊樂、撲克牌、各種棋奕遊戲等，我們會鼓勵兒童接受挑戰，也引導他們有成功的經驗，並在兒童完成挑戰之後，立即給予鼓勵。這就是在**提升兒童的我能感與自尊，這都是重要的轉變機制**。

一、透過見證，擴增兒童的能力

　　結構式遊戲治療認為當兒童有了一些小小的轉變與不同時，就是治療師重要的介入時機。轉變與進步其實是一個過程而不是結果，且一開始的轉變與進步都是很小的，光憑治療師將兒童這些小小的轉變與進步反映出來，有時其力道是不足的，因這些改變有時小到連兒童都不覺得有什麼值得稱讚的。表達或見證都具有建構兒童正向的能量的效果，這樣的介入是在整個遊戲治療的歷程中，透過治療師敏銳的引導兒童表達，細膩的發現

兒童的轉變，然後在適當的時機運用見證技巧，逐步的建構出兒童正向的力量與轉變，這就更能產生治療的效果。

見證就是透過治療師以外的第三者，來肯定或「增能」兒童，這個第三者可以是一個人、多個人、兒童所喜歡的物件或是布偶客體等。中國人不是常說「揚善於公堂」，見證也就是要透過治療師在遊戲治療過程，發現或引導出兒童不同於過去的特質、能力、想法、行為或計畫，然後將這些「不同」透過分享給第三者，也透過第三者的肯定與回饋，讓兒童能將這些「不同」鞏固下來。由此可知，結構式遊戲治療是要善用布偶客體以及兒童周邊的一些重要他人，透過見證的過程，將兒童小小的轉變與「不同」擴增成為一個很被肯定的轉變，進而提升了兒童的能力與願意持續改變的動力。以下介紹如何將見證與遊戲、玩具結合的做法。

(一) 應用第三者來見證

治療師可以應用物件、主要照顧者及兒童周遭的其他人員來進行見證。前述說過見證就是將兒童的「進步」、「不同」或「轉變」讓第三者知道，因此治療師要應用見證技巧時，要優先考慮要找誰當「第三者」。根據經驗，若能同時應用多位不同的「第三者」更棒，亦即治療師當著兒童的面，將兒童的轉變與進步分享給兒童的父母、主要照顧者或老師等都很好。但要注意的是對兒童仍有情緒、不夠友善或排斥兒童的人，就暫時不要成為我們見證的第三者，避免沒產生正向的效果，還引來一些不必要的困擾。當兒童周遭暫時沒有適當的第三者可以一起來見證時，不要忘了我們結構式遊戲治療的一個好夥伴——布偶客體，治療師運用布偶客體於結束儀式過程中，進行見證活動的方式是適用於每位兒童的。

再者就是除了口語的見證回饋之外，將這些回饋轉換成文字、圖畫、象徵圖案等方式則更具加成效果。除了傳統的寫卡片之外，運用一些具有象徵功能的物件也很好，如有適當文字或圖案的勳章、印章、圖片、證

書，可以反應兒童轉變的歌曲、短片等，也都是很好的媒材。

(二) 具體的留下兒童的「不同」

　　在回應兒童的「不同」時，請務必要具體描述，亦即要將其「不同」、「轉變」、「進步」的內容過程強調出來，再則就是要因應兒童的問題性質，有時需要去強調時間、地點或方式，例如若兒童的問題是懼學，則具體描述的「不同」就類似「小英今天可以自己走進教室了！」

　　見證也可以在遊戲治療中，將兒童正向的特質或進步的地方記錄下來，甚至拍照作為見證，留下影像及簡短文字紀錄，對提升兒童的自尊與自信有很大的促進作用。如注意力不集中的孩子，在遊戲治療時有專注遊戲、活動時，將之拍照，作為兒童能做到「專注」的一個見證。

　　實例介紹：下圖是兒童在遊戲治療玩積木時，組裝出有輪子的、會跑的兩層樓的房子和首次組裝了兩樓半、新造型的房子時，治療師將兒童很有創意的作品拍照下來作為見證，並將此照片印出並貼在為兒童製作的遊戲小書中，等到適當的機會時，治療師將之分享給家長或其他的第三者，這也具有提升兒童自尊與自信的效果。

在兒童組裝有輪子、會跑的兩層樓的房子。

首次組裝了兩樓半的房子，且房子的造型也有別以往，再見兒童的創意。

二、「我能感」：兒童是遊戲世界的「主宰者」

　　權力與控制（power and control）是遊戲治療的重要轉變機制之一（Schaefer, 1994）。遊戲本身可以提供兒童強烈的權力和控制感，透過玩具的選擇、過程的安排，可以使兒童有權力和控制感。在遊療實務中，治療師鼓勵兒童「你可以自由的選擇玩具」、「你可以用你自己的方式玩」、「你想要怎麼玩就怎麼玩」，兒童在一種極為被尊重的氛圍中，完全依自己的想法玩遊戲。對一些生活中沒有自主權、情緒受壓抑的兒童而言，這可是一種全新的體會。由此可知，從遊戲中提升兒童的「我能感」，讓兒童經驗我可以成為自己遊戲世界的「主宰者」，是遊戲治療很重要的轉變機制。

　　實例介紹：小潔害怕陌生的環境，不敢和同學說話，平時總是一個人在角落安靜的獨處。但在每週一次的遊戲單元中，小潔完全可以自主決定要玩什麼，如何玩？這一的氛圍讓小節越來越自在。

　　治療師：小潔，你可以自由的選擇你想要玩的玩具！

　　小　潔：我可以玩煮飯的嗎？（小潔用很小的聲音詢問）

治療師：在這裡你可以決定想要玩的遊戲和玩具。（小潔開心的笑了
　　　　笑，開始把小廚具搬到地板上）

小　　潔：可以把娃娃屋的人都拿下來煮飯嗎？（小潔並不敢去動娃娃
　　　　屋，等著治療師的答允）

治療師：嗯，你想要怎麼玩就怎麼玩！

小　　潔：我真的可以把娃娃都拿下來嗎？（小潔有點遲疑！）

治療師：你好像有些擔心什麼的樣子。

小　　潔：我怕……如果弄得很亂，會被大人罵！

治療師：在這裡沒有人會被罵，你可以自由的，當自己的主人！

小　　潔：哇！好好喔！（小潔點點頭、笑一笑，起身開始遊戲！）

　　在遊戲室裡，治療師的鼓勵之下，小潔是自由的、也被賦予權力。小潔表現出對於烹煮的興趣，尤其喜歡設計不同的料理與顏色搭配。遊戲過程中，小潔可以決定遊戲種類，該怎麼玩，遊戲室中的小潔，脫胎換骨，不僅可以有權力，也可以主宰她的遊戲世界。

　　為小潔創造這段賦能的遊戲時間，小潔從掌控的經驗中找回自己的能力，過程中，治療師的正向回饋與反應，則是提升小潔信心與正向能量的催化劑。

兒童是遊戲世界的主宰者

自由遊戲過程讓兒童有掌控感

第五節　遊戲是接觸兒童的內在的橋梁

一、兒童的遊戲與作品都是兒童自我的呈現

兒童與成人個案的最大差異就是，成人擅長以口語表達，但兒童卻善於利用玩具、圖畫等象徵表達，因此兒童遊戲的過程就是兒童的一種表達，兒童創作的過程及其作品其實就是在進行自我厚富的描述與表達，而且從兒童作品的內容可以蒐集到比兒童口語表達還要豐富的資料。

當兒童在遊戲或創作的過程，治療師要專注的陪伴著兒童創作，因為兒童運用媒材創作的過程，就是不斷地透過創作在表達其內在的世界，呈現他內在的自我，所以，兒童的遊戲與作品都是兒童豐富的表達，更是其內在自我的呈現。

實例介紹：下列的作品是一個人緣不好、在班上沒有人想和他玩的六歲兒童，在遊戲治療中，治療師請他畫或捏一個完整的人。他隨即捏了一個非常小、三角的立體御飯團。兒童在完成其作品後分享。

御飯團是一個六歲男孩的名字，大家都喜歡披薩，不喜歡御飯團，御飯團覺得不公平，也很羨慕披薩有很多人喜歡，所以只要有人對御飯團好，他就很開心、滿足。

御飯團最大願望就是希望成為披薩，被很多人喜歡。

透過情緒臉譜充分表達心中情緒

　　從上述兒童的創作作品與分享的內容，可看見兒童透過「一個非常小、大家都不喜歡的御飯團」的故事，充分且豐富的表達了他個人內在主觀的感受、心情與需求，使我們看見兒童覺得自己沒有朋友，有人際關係的困擾，內心渴望被關心與陪伴。

　　當兒童對創作的作品作充分與豐厚表達後，治療師請兒童挑選一些可以幫助御飯團心情變好的物件（能量圖卡）送給御飯團，兒童忍不住的挑選了二十幾張能量卡要送給御飯團，治療師請兒童選出最喜歡的十張，分別為：愛心、披薩、變身水、武功祕笈、水晶球、魔毯、時光機、獨角獸、薯條與雞腿。治療師也請兒童分享這十個物件如何幫助御飯團的心情變好，引導兒童做更多的表達。如兒童說：愛心，就有人愛御飯團，願意陪伴御飯團，和御飯團作朋友，御飯團就不孤單了。

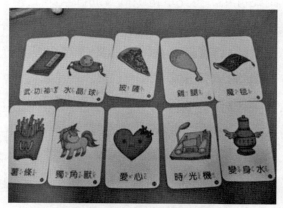

透過能量圖卡表達心中的期待

　　另外，從兒童忍不住的挑選了二十幾張能量卡要送給御飯團，這也讓筆者看見與感受到兒童非常渴望陪伴、照顧與滋養的內在需求。

　　上述這過程，兒童創作御飯團就是一種內在自我的呈現，治療師在透過圖卡媒材引導兒童做一個更內在深層的表達，這都是非常具有治療效果

的。引導兒童做更多、更豐富的表達、內在自我呈現。大家可以參考第六章圖卡編故事活動的實施方式及過程，有更詳細的說明。

二、重複遊戲可以說是兒童內心世界的縮影

有嚴重創傷或不愉快生命經驗的兒童，他們很可以透過遊戲接觸到他們內在的傷痛，這樣的轉變機制內涵是有別於前述玩得很開心、很投入、展現能力這類的轉變機制。

在兒童的遊戲過程中，看似就是一個兒童的遊戲，但其實整個過程是一種複雜的心智活動伴隨著外顯的行為。兒童將其內在的想法和情緒，以口語或非口語的方式轉換成一種遊戲、活動，整個遊戲過程是兒童內在情緒世界和外在的世界、人際做溝通、協調的過程（鄭如安，2008；Ariel, 1992）。由此可知，對兒童遊戲內容的觀察與了解，有助於我們了解兒童、與兒童溝通及與兒童建立關係。另外，在遊戲治療實務上也經常發現，具臨床症狀的兒童個案會不斷重複出現相同的遊戲行為，這重複出現的遊戲行為其實有其重要的象徵，Terr（1981）曾針對一群目睹翻車意外事件的兒童進行治療過程中，發現他們會不斷重複出現與創傷經驗相關之遊戲行為，後來Terr提出「創傷後遊戲」（post-traumatic play, PTP）的概念，「創傷後遊戲」的一個特點就是會在不同遊戲單元間重複出現。Benedict和Mongoven（2004）就指出重複的遊戲可能顯示兒童正在處理自己的情緒問題。重複遊戲的內容、主題會與兒童以往和現在的生活有關（Benedict & Mongoven, 2004; Holmberg, Benedict & Hynan, 1998）。故重複遊戲可以說是兒童內心世界的縮影（Giordano, Landreth & Jones, 2005）。

由上可知，兒童在遊戲治療過程中，若重複出現和創傷經驗、過去或現在生活經驗有關的遊戲行為是值得注意的，而這些重複出現的遊戲行為

內容，可能是兒童正以隱喻和象徵的手法來展現內在的意圖、想法、情緒等，例如住院病童玩出醫療主題；遭逢地震、洪水、車禍等遭遇的倖存兒童，玩出地震、洪水、車禍等相關創傷議題的重複遊戲內容或主題。有趣的是兒童在重複玩出這樣的遊戲主題時，兒童不一定有負面情緒的呈現，而這種自發玩出重複遊戲的過程是很具治療效果的轉變機制，尤其兒童重複遊戲的內容會隨著治療的推進而有所改變時。例如一個遭遇嚴重車禍經驗的兒童，其情緒受到很大影響，經常上課會突然尖叫，無法忍受周遭過大的聲音。在進行遊戲治療過程多次重複將遊戲室的所有車子拿下來玩，且前面多次都是玩出車禍且所有人都在車禍中死掉的遊戲內容，然後就結束此重複遊戲改玩其他玩具。如此玩了五次車禍遊戲之後，第六次的車禍遊戲內容有改變了，第六次的車禍遊戲玩到最後又發生車禍時，並不是全部的人都死掉了，而是出現了救護車來救人。這種都是車禍的重複遊戲內容的正向轉變，更是遊戲治療協助兒童修復其內在創傷的具體表徵。

三、反映內在衝突矛盾的遊戲主題及與治療師的互動

在依附理論中提到有一種矛盾依附的類型，此類型兒童多半是因為照顧者一直都沒穩定的照顧到兒童的需求，使得兒童對照顧者出現矛盾的狀態。亦即當照顧者出現時，兒童卻出現拒絕、攻擊或冷漠的反應，但其內心其實非常渴望照顧者的出現。

這種內在衝突矛盾依附樣態兒童，自己也很難理解及說明自己的這種行為，但可以確定的是，當治療師發現兒童以此種樣態與治療師互動時，不要被兒童這種衝突矛盾的樣態所干擾，治療師穩定、一致、接納及了解的跟隨及陪伴就可以讓此樣態產生治療的效果。

在遊戲治療實務上，常出現這三種的衝突矛盾的樣態。

(一) 對治療師呈現矛盾衝突的樣態

這種對治療師呈現矛盾衝突的樣態，算是經常出現在遊戲治療過程，在遊戲治療實務上，又可以歸納有三種樣態。

第一種，我們會發現兒童其實是非常喜歡參與遊戲治療，也非常喜歡遊戲治療師，但經常會捉弄、開玩笑或故意調皮搗蛋、不配合治療師的樣態。

第二種樣態就是兒童開始會要求、指揮、命令治療師做一些事情，或會向治療師要求一些獎品、禮物，若是治療師有所界線或限制時，兒童就會表達生氣、不滿，有的還會一直要求、指揮、命令治療師要配合或滿足他的要求。

第三種就是有些兒童會出現抗拒、不配合甚至不願意進行遊戲治療的樣態，但一進入遊戲室就又表現得非常的開心、非常的投入。或是每次在遊戲單元結束時，都會說下次不來了，但回到家又經常想知道什麼時候來進行遊戲治療。

(二) 遊戲內容或過程呈現矛盾衝突的樣態

有關對遊戲內容呈現矛盾衝突的樣態，最常見的就是兒童在遊戲過程中，玩出滋養撫育的遊戲過程時，同時又讓這些被照顧的動物、玩偶又被指責、處罰，例如經常在遊戲中煮食物遊戲，提供給這些動物、玩偶食物時，很快地又會說這些動物、玩偶為表現不好、不乖，而把他們關起來、不准他們吃東西，甚至處罰他們等等，這就是呈現又有滋養但又有攻擊的衝突樣態。

有些兒童則是在遊戲過程中，在與治療師或布偶客體互動時呈現忽冷忽熱的樣態，也就是有時候很熱絡、很親切，但有時候又顯得很冷漠、很疏離。有時候很照顧布偶客體或一些動物玩偶，有時候又不理不睬，覺得無聊、不好玩，甚至表達不喜歡他們。

(三) 自身呈現矛盾衝突的樣態

這種自身矛盾樣態最常見的就是兒童經常想要展現自己的能力，但同時卻又一直貶抑自己，說自己做得很爛很不好。例如當治療師在旁邊肯定、見證兒童的表現時，兒童就一直說自己做得很不好、自己很差勁、很笨。

第二種樣態是兒童呈現很想跟治療師連結或想得到治療師的關注，但當治療師給予關注、肯定或對兒童做一些滋養撫育的動作時，兒童又顯得很冷漠或抗拒不願意接受治療師的關注或撫育。

以上各種矛盾衝突的樣態都不只會出現一次，其實當兒童在不同的遊戲單元中呈現出這種矛盾衝突的樣態時，基本上都與治療師有了正向連結或渴望與治療師有正向連結，此時治療師如果能夠看到孩子知道內在衝突矛盾的樣態，然後以穩定一致、接納的態度，配合有時把孩子內在的衝突矛盾反映出來，這都是非常非常具有治療效果的。

第四章　結構式遊戲治療之第一段：正向接觸的開始

　　從第四章開始介紹結構式遊戲治療的核心內容，亦即如何很有節奏的將三個段落融入於一次的遊戲單元中。本書分別在第四章介紹結構式遊戲治療中的第一段：正向接觸的開始。第五章介紹第二段之自由遊戲；第六章介紹第二段之診斷遊戲；第七章介紹第二段之有意圖的策略遊戲；第八章則是介紹結構式遊戲治療中的第三段：結構式遊戲治療之結束與結案。

　　結構式遊戲治療的第一段，是依據依附關係及客體關係的觀念，意圖應用兒童能接受及喜歡的布偶、手偶或玩偶，來達成與兒童建立關係及建構一個正向客體的目標。前面已說明運用布偶的原因及布偶選擇的依據。在此就開始介紹如何運用布偶來達到本段落的兩個目標。

一、治療師的準備

　　結構式遊戲治療不是在進入遊戲室後才開始，而是當你與兒童見面的當下就開始了。也是說當你在等待兒童時，手上就已經準備布偶或物件了。在見面的當下就可以用布偶或物件與兒童打招呼，建構一個正向接觸的開始。在第一次見面前，治療師也要對遊戲時間的選擇、遊戲單元的開始與結束有明確的時間架構。

(一) 和兒童一起討論遊戲時間

　　有信仰的人，他們都有各種不同的儀式活動，這些儀式活動與信仰久而久之就會深入他們的內心，進而讓他們產生力量。因此學校結構式遊戲治療的時間也要固定且有規律。

訂定遊戲時間的基本原則（高淑貞，民87）：

1. 事先先準備2-3個時段，供兒童作選擇。

2. 讓兒童知道**遊戲的時間是固定的**。

3. 這四十分鐘內，教師要儘量排除可能的干擾。如電話、另一個兒童的干擾……。

(二) 如何開始與結束

在做好上述的準備工作後，要提醒各位治療師如何開始遊戲單元，又要如何結束。

1. 將可能會中斷遊戲單元進行的各種因素事先排除掉，例如記得讓兒童在未開始遊戲時間之前，先去洗手間。

2. 具體明確的告訴兒童可以玩多久。例如現在長針在3，等一下到5的時候，我們就要結束。

3. 在結束遊戲前五分鐘，給兒童一個提示，不要延長結束時間超過二或三分鐘。

二、第一段遊戲治療的主要內容

治療師第一次與兒童見面時，尚未以布偶和兒童聯結，也未做場面的建構，因此在第一次的遊戲單元，和第二次以後的遊戲單元是略有不同，茲分別說明如下。

(一) 第一次的遊戲單元：布偶客體的建構與場面建構

在此單元中，兒童第一次與治療師見面，可能是充滿焦慮的，此時治療師有兩個重要任務，就是進行場面建構及選定客體物件。

1. **運用布偶與兒童接觸**：治療師可以先暫時選定一個布偶與兒童打招呼，並邀請兒童坐下之後，開始進行自我介紹及場面建構。

「嗨！你好！你看這是誰？」（CO將布偶呈現與兒童見面）

「來！握個手」（CO以布偶和兒童握手）

「來！請坐」

「我是……」

2. **進行場面建構**：固定而有規律的遊戲時間，及空間的界線，有助於兒童的情緒穩定、降低內在的焦慮及關係的建立。尤其學校因為有考試、寒暑假、運動會、戶外教學……等因素，都有可能干擾遊戲時間。治療師在進行場面建構之前，並必須考量好幾個問題：

(1)決定可以進行結構式遊戲治療的時間：是早自修、午休或某節的正課時間。

(2)決定及討論此學期的遊戲時間的啓程及結束時間，也告知大概總共進行幾次。

(3)提供2-3個可以的遊戲時間，供兒童選擇。

「小明，我之前有看了你的功課表，也詢問了你的導師，目前可能可以安排星期一和四的午休時間，現在由你來決定一個時間」

「恩！好！以後我們就每星期一的十二點四十分，到下午一點三十分，地點就在這間遊戲室」

「再來就是，這學期還有一次月考，中間也有一次的運動會，可能都會影響到我們的遊戲時間，所以，我們大概有10-12次的見面，我們預計在最後一次考試前的那一週，是這學期的最後一次遊戲時間」

若是在學校以外的機構進行遊戲治療時，大概就是跟兒童的照顧者一起約定好遊戲單元時間即可。

3. **選定客體物件**：在進行完場面建構後，接下來的重點就是引導兒童選定一個布偶、玩偶或兒童喜歡的物件。治療師可以事前依據兒童的年齡、性別，準備好幾個布偶、玩偶或物件（建議提供2-3個，不宜太多），然後由兒童來決定選擇哪一個。被兒童選定的布偶、玩偶或物件，就是所謂的客體，應從此次遊戲單元開始，治療師每次的遊戲時間都會帶著這個「布偶客體」與兒童見面、互動，也會在結案時送給兒童。（請參酌本書第六章第二節過渡客體之介紹）

「小明你好，你看這邊準備了3個布偶與玩偶，分別是……，你可以拿起來，或摸摸看都可以。」（治療師一個一個拿給兒童，鼓勵兒童接觸布偶）

「以後我們的遊戲時間，你選定的布偶都會一起和我出現，看你喜歡哪一個？」（等待兒童作決定）

「嗯！你告訴我決定留下這隻泰迪熊。」（將其他布偶收下，只留下兒童選擇的布偶）

「嗯！好可愛！大大的眼睛、長長的柔軟的毛呢！」

「來！你抱起來！」（將泰迪熊交給兒童）

「很好！小明你決定了泰迪熊布偶，他說他要跟你當好朋友。他希望每次都能跟你在一起！對了！他也好希望你為他取個名字。」

「我就叫他小不點。」

「好！小不點！這就是你的新名字了！小明就是你的主人了。」（治療師對著泰迪熊說話）

4. **進行自由遊戲或診斷遊戲的安排**：治療師與兒童的第一次見面，基本上只需進行到此即可。但若還有10分鐘以上的剩餘時間，建議治療師邀

請兒童進行自由遊戲或診斷遊戲。

(二) 第二次以後進行的遊戲單元：持續建構兒童與客體的正向聯結

1. 運用兒童選定的客體與兒童連結： 在第二次以後的遊戲單元，場面建構的部分大致上可以不必再做了。因此在第一個段落的主要活動就是治療師運用兒童選取的物件，開始與兒童建立正向的情感聯結，治療師可能只是運用布偶和兒童說「哈囉」的打招呼，或只是和兒童握握手表達歡迎。當然也有的兒童就開始和此客體互動起來。

「小明你好！」（治療師拿著小熊靠近小明）

「你好。」（小明與小熊握握手）

「小不點好想小明喔！來抱抱小不點。」（小明將小熊抱在懷裡）

「小明這一週過的好不好啊！告訴我們小不點。」（治療師鼓勵小明對著小熊說話）

「……」（小明對著小熊說話）

這樣的一個看似簡單的活動，其實就是讓兒童與此客體聯結，當這樣的正向聯結建構起來之後，接下來各種的遊戲活動、見證、歷程回顧等介入都可以配合此客體來進行。

2. 介紹今天要進行的內容： 在第二次以後的遊戲時間，第一段的正向接觸時間通常不會太久，因此會有很長的時間進行第二段的活動。為讓整個結構式遊戲治療的流程能順利進展，建議治療師告知兒童接下來要進行的活動及流程。

「小明，接下來有30分鐘是自由遊戲時間，然後我會跟你玩一個小小

的猜謎遊戲，然後結束今天的遊戲時間。」

　　「小明，接下來要請你畫一張圖，然後會跟你討論一下，基本上當長針走到2的時候，我們就結束今天的遊戲時間。」

　　「接下來會有兩個主要活動，一個是由你自己決定要玩什麼？當長針走到12時，我要請你暫停你的遊戲，然後請你利用我們的動物玩偶擺一個動物家族。」

第五章　結構式遊戲治療第二段之自由遊戲

　　結構式遊戲治療之第二段：自由遊戲、診斷遊戲及策略遊戲的介入是整個結構式遊戲治療的重心，亦即它是結構式遊戲治療中進行最長時間的一個段落。在第二段提出診斷遊戲、自由遊戲和有意圖的策略遊戲等三種遊戲介入，是希望每位治療師能了解一個遊戲是有可能同時具有此三種功能，同時也在傳達以下二個觀念：

　　第一個就是兒童遊戲的主題、過程、內容及與治療師的互動型態，都有診斷的功能。例如兒童要求治療師陪他下棋的遊戲過程，治療師當下的意圖僅是透過遊戲陪伴，來建立關係並給予正向回饋，進而提升兒童自尊。但在遊戲過程發現兒童每盤都一定要贏，若快輸了的時候，兒童就會更改規則，以滿足其贏棋的需求。這樣的一個過程，不也是提供治療師珍貴的診斷訊息。

　　第二就是每一種遊戲活動，它都可能同時具有診斷及介入的功能。整個結構式遊戲治療的過程，可以說是不斷地蒐集資料，同時也是不斷地介入的動態過程。例如將「擺設動物家庭」的遊戲列為診斷遊戲，主要是因為治療師可以透過兒童選擇的動物類別、大小、擺設的方向及動物彼此間的位置，來了解兒童是如何看待家人間的互動。但在實務工作中，此項遊戲活動也經常是一個介入的策略。

　　綜上，只要治療師的經驗夠豐富，就會發現任何一種遊戲都具有診斷、自由與策略的功能。但在初學過程中，筆者刻意提出此三類遊戲，就是希望慢慢的培養每位治療師具有上述的能力。

第一節　自由遊戲之基本態度與觀念

　　在知道了第二段的內容之後，在此要介紹自由遊戲在結構式遊戲治療中的應用，主要有三部分要說明，其中第三部分會介紹到許多反應技巧，這些反應技巧也可以用在其他的段落或其他的遊戲互動過程。運用各種遊戲技巧之前，必須先有一些正確的觀念與態度，同時也要了解運用這些技巧時的真正內涵與精神，如此才可能真正學會這些技巧。因此本小節分成三部分來說明。

　　第一部分自由遊戲之基本態度與觀念，算是一些叮嚀，這些叮嚀其實都是一些觀念與態度，也請將這些叮嚀當作一種反省，相信會有助於學習。

　　第二部分要介紹自由遊戲的重要精神──「界限」，根據多年的實務經驗發現，自由遊戲本身是很有效果的介入方式，但前提是讓兒童充分自由遊戲前要有明確具體的界限。

　　第三部分則是介紹在自由遊戲之所以會有效果的重要因數──「專心陪伴與了解」。結構式遊戲治療之所以會讓兒童改變，就是過程中兒童感受到治療師「專心的陪伴與了解」，然後在這關係中，兒童自發的有所轉變與進步。在此部分會介紹一些反應的技巧，其目的不是要改變兒童的行為或觀念，而是要讓兒童感受到治療師的「專心陪伴與了解」。

一、四個叮嚀

　　以下就介紹四個叮嚀，基本上這四個叮嚀都是一種態度及觀念，當你有了正確的態度與觀念，這些態帶度與觀念自然就會帶著你朝向自由遊戲的真正內涵與精神。

(一) 叮嚀一：二不三要

第一個叮嚀叫「二不三要」，此一叮嚀主要傳達的觀念是，遊戲單元的時間是一個特別的時間，它不是教育，更不是要在此段時間內完成一個任務或作品。它完全是一個感情導向的過程，不是任務導向或教育導向的過程。

1. **不問為什麼**：對於兒童在遊戲室的行為、表現、呈現的作品等，都以一種欣賞接納的態度面對，而不會問為什麼，以一種欣賞的語氣描述。

「我看到你畫了一個綠色的月亮。」

而不會問：

「你為什麼把月亮畫成綠色的？」

會描述：

「我看到你一輛車接著一輛車的排成一長排。」

而不問：

「你為什麼把車排的那麼長？」

「不問為什麼」也不是說在互動過程中，真的不能講出這三個字，他真正的意涵是不要對兒童的表現及作品有所評價及指責。例如當你說「你為什麼把月亮畫成綠色的？」其實你就是暗指兒童將月亮畫成綠色的，是

一個錯誤的行為。

2. **不指導、不暗示**：兒童是可以用自己的想像來象徵遊戲室的玩具，所以不要指導兒童如何玩？或該玩什麼？而是由兒童帶著我們走！這個小叮嚀對於大人們其實是一項小小的挑戰喔！

「你要我怎麼幫你？」
「你要我把電話拿起來跟你講話。」
「我應該說什麼？接下來呢？」（悄悄的說）

「你要怎麼玩就可以怎麼玩。」
「你要我當強盜，而且還要戴上面具。」
「現在我應該到監獄，直到你說我可以出來為止。」

「你要我拿著熊媽媽，讓熊媽媽去找牠的寶寶。」
「你告訴我要怎麼玩。」

「當你用槍向我射擊時，我接下來應該怎麼了？」

不說：

「你可以去玩積木啊！」
「你平常不是都喜歡畫畫，那你就去畫圖嘛！」

3. **要對兒童的表現有興趣**：亦即面對兒童時會有意願想更了解他，甚至會對於兒童的各種表現覺得新奇與驚訝。

「喔！我看到你很興奮的在那邊跳上跳下。」

「我很驚訝你能夠將這麼重的櫃子推開。」

「我很喜歡有這樣的時間陪你一起玩。」

遊戲治療過程中，一個很自然的情緒反應是重要的，例如驚喜時的讚嘆聲「哇！」，高興的反應「好棒！好棒！」配合著高興的聲調！

4. **要能接受模糊或沉默**：兒童的成長是不能揠苗助長的，遊戲陪伴的過程，兒童經常是沉默的、混亂的、模糊的……，我們就必須要能接受這些模糊性。

當你還不了解兒童的遊戲在表達什麼，或你做了幾次遊戲單元之後，仍然感受不到兒童的改變，或與兒童之間的關係未能有所進展時，可從下面幾點建議試試看：

(1) 和你的督導或有遊戲治療訓練背景的同儕討論你的遊戲過程。

(2) 反省一下或重看一次自己的遊戲錄影帶。

(3) 相信兒童、相信自己，容許給自己和兒童一點時間準備。

5. **要先接觸他這個人，而非問題**：我們面對的是一個有生命的個體，所以不要被兒童不適應行為所左右，唯有先全然的接觸兒童，才有可能解決其不適應行為。不在此時講大道理，更不應該在此時責罵兒童。

「我看到你有點悶悶不樂的，好像不想玩。」

看到兒童很生氣的拿著棒子一直打布娃娃，你可以說：

「你好生氣的打著那個娃娃。」

而不說：

「你不可以打這個娃娃。」
「你就是太容易生氣。」
「你平常是不是就是這樣欺負妹妹。」

(二) 叮嚀二：提供選擇權和自由

第二個叮嚀叫「提供選擇權和自由」，主要傳達的觀念是只要兒童的行為在我們的界限、規範之內，我們鼓勵兒童自己選擇及作決定，因為對許多兒童而言，擁有權力選擇是一個特別的經驗。另外就是作選擇也就是一種學習負責任的過程，自己要承擔選擇之後的結果。

1. 尚未發生的事不限制：在兒童沒有超越規範、界限的行為時，治療師不預先警告或提醒兒童不要出現不適當的行為。即使上次有一些不適當的行為，在開始遊戲時間前，我們只說：

「小明，我們有三十分鐘時間，你想怎麼玩就可以怎麼玩。」

不說：

「小明等一下，你不可以像上次一樣的將東西往窗外丟。」

2. 明確的表達：在進行遊戲單元時，具體明確的表達遊戲時間。各種反應也都是具體明確。

「在遊戲室你有三十（或四十）分鐘的時間，你想怎麼玩就可以怎麼

玩。」

「你認爲他是什麼，他就是什麼。」

3. **容許選擇**：是一種絕對的容許，當兒童選擇不玩、用不同的方式玩或對玩具做其他定義時，我們仍然尊重他的選擇，我們仍然很專心的陪在兒童身邊。當然他要畫畫、拼圖、積木……都可以。

兒童安靜的坐在前面，還沒決定要玩什麼，你可以說：

「小明，我看到你安靜的坐在那邊，還沒決定要玩什麼。」

小明拿著一個積木當成飛機在空中飛來飛去，你可以說：

「有一架飛機，在空中咻咻的飛來飛去。」
「在這邊你想玩什麼，就可以玩什麼。」

4. **鼓勵決定**：在遊戲室中兒童是可以自己決定一切的，所以要鼓勵兒童作決定。例如兒童問：「＊＊，房子要塗紅色還是藍色的？」我們會回答：「你想要畫什麼顏色，就可以畫什麼顏色，在這邊你可以自己決定。」

(三) 叮嚀三：專心陪伴

專心陪伴是自由遊戲重要的精神，但專心陪伴是一個態度、一個觀念，如何將其落實於與兒童的互動，除了第三部分介紹的各種技巧之外，在此提出三點說明。

1. **足夠的反應**：對兒童遊戲的過程反應頻率要夠多。初學著反應頻率不夠的主要原因是不曉得要反應什麼。在此介紹兩種最常用的反應方式：

(1)反應兒童的行為：

「你把那些全部堆在一起。」
「你決定接下來畫畫圖。」
「你把它們排成你要的樣子。」
「你把那個東西搬了下來。」

(2)反應兒童的感受：

「你很喜歡你畫的房子。」
「嗯，讓你嚇了一跳。」
「你很失望一直排不好。」
「你好高興能爬上屋頂。」

2.**豐富的表情**：豐富的表情也是一種專心和感興趣的象徵。自然的跟隨著遊戲內容，將你內在自發的心情表露出來。

3.**表達欣賞與鼓勵**：對於兒童的表現要表示欣賞、鼓勵，而不是批判、評價。

「你很努力地要打開那個瓶子。」
「你想到一個辦法。」
「你知道自己想要怎麼玩它。」
「聽起來，你知道很多關於鯨魚的事。」

(四) 叮嚀四：尊重

　　讓兒童感受到被尊重也是一個重要的治療因素，在日常生活中，成人們常認為他們是小孩，所以常用哄騙、隨意承諾的態度與兒童互動，常以「很忙」、「沒空」、「不要吵」、「要懂事」等口語來敷衍自己對兒童的承諾。這些都是很不恰當的態度，因此，結構式遊戲治療就很強調對兒童的尊重。以下就提出兩點值得學習的態度：

　　1. **跟隨兒童的步調**：不要催促兒童改變、趕快玩、動作快……，是要跟著兒童的步調。

　　不說：

　　「你怎麼還不玩！？」
　　「快一點，時間到了我就要做其他事喔！」
　　「你可不可以不要每次都玩打戰的遊戲。」

　　2. **預先告知**：更改或調動遊戲時間、進行方式、地點等等，治療師一定要預先告知或和兒童討論。下面提出三個例子，來具體的傳達這個預先告知的內涵與精神。

　　(1) 以兒童為主體的規劃：一切的設施、運作一定以兒童為最優先考量。例如桌椅、放玩具的櫃子高度，都必須以兒童的身高來考量。

　　(2) 治療師若要更改遊戲時間或請假，一定做到預先告知：若你希望調整下次遊戲的時間，則在遊戲正式開始之前，就和兒童說：

　　「小明，下週因為……，所以……，我必須和你調整時間為_____或_____，你決定一個你可以接受的時間。」
　　「等一下在最後的五分鐘，想請你畫一張圖。」

(3)遊戲過程的更換位置，也需要先告知兒童：在遊戲過程，治療師若要移動位置，也都要先告知兒童。

「小明，我現在要移動到你旁邊的位置喔！」

第二節　自由遊戲之基本反應技巧

此小節要介紹自由遊戲的基本反應技巧，這些技巧也都可以運用在結構式遊戲治療中的任一段落，或任何一種活動。

若已經有在接遊戲治療個案的讀者，則更鼓勵閱讀筆者所著《結構式遊戲治療技巧實務》此本書，此書更詳實地介紹各技巧在實務應用時的反映要點，同時每個技巧都輔以實際的逐字稿，可以更讓讀者更有臨場感、更接近實務的學會每個技巧。

一、追蹤描述行為

(一) 追蹤與描述行為的技巧解釋

自由遊戲的主要精神之一就是用平等的心看待兒童，並在遊戲單元內，讓兒童當家做主，讓他自己決定要玩什麼？如何玩？怎麼玩？把自主權交給兒童，你只是跟隨著他，反應你所看到「他的行為」，這就是追蹤與描述行為。

這項技巧主要強調的是，對兒童表現出來的行為做口語上的反應，重點在對兒童的行為做具體的描述，讓他感受到治療師是全神貫注與他同在的。「追蹤與描述行為」這項技巧的一個極端例子，就是籃球或棒球比賽的主播，試想他們要把球場上球員的一舉一動用口語播報出來，他們是不是要非常的專注與投入？！雖然自由遊戲不是要你做得如此極端，但「追

蹤與描述行為」的目的就是讓兒童感受到，我們對他的注意和全神貫注的陪伴。

(二) 示例說明

「你會用這些積木拼出你要的東西。」

「你把不一樣顏色的士兵分開來。」

「你拿起那個起來看一看。」

「你一步一步的慢慢爬上屋頂。」

「你用棒子打了娃娃下。」

「你把沙子撒在地上。」

「你把門踢了三下，用力的關上。」

二、反應情感技巧

(一) 反應情感的技巧解釋

「反應情感」的技巧簡單說就是，說出你看到或感受到兒童內在可能的情緒狀態。在遊戲過程中，兒童可能會有高興、生氣、不耐煩等情緒，你能即時把這些觀察到的情緒用口語表達出來，讓兒童知道你了解他此時的感受是什麼，也讓兒童經驗到被深入了解，這是一種很正向滿足的經驗，同時也讓兒童學習認識自己的情緒及接納各種不同的情緒經驗。

人的情緒是很複雜的，所以，做「反應情感」的技巧時，不要求百分之百的正確，但我們的態度是溫和的、接納的，讓兒童知道他是可以有情緒的。最重要的是，身為治療師，不要受到兒童的情緒反應，自己也產生了生氣、煩躁、難過等情緒，例如看到兒童又是玩暴力的遊戲，一邊殺還一邊得意的笑時，你是不是會產生出生氣、難過或擔心的情緒呢？

(二) 示例說明

（例一）「你很高興你能把這個接起來了。」

「＊＊你看。」（拿給治療師看）

「你很興奮你能把這個做好，也想讓我知道你的快樂。」

（例二）「你很生氣，拼圖老是拼不好。」

「討厭死了，我不玩了。」（把拼圖丟出去）

「你非常地生氣，費那麼大的勁還是拼不出來，讓你氣到不想再玩了。」

三、反應意義技巧

(一) 反應意義的技巧解釋

透過對兒童行為、心情、情緒的觀察與了解後，你對兒童有更進一步的認識，便可將兒童行為背後所要傳達的意思表達出來。這麼做的目的是在幫助兒童明白自己行為背後的動機，幫助兒童更深層的了解自己。

我常舉一個簡單的例子來說明，就是當一個兒童一直告訴你：

「＊＊！桌上有一包糖果呢！」

「嗯！我知道」

「＊＊！你看桌上有一包糖果呢！」

「嗯！我有看到，我知道」

「＊＊！你看桌上有一包糖果呢！」

試問，你還要回答「我看到了」、「我知道」這種內容嗎？

兒童背後的意義是「＊＊！我想吃糖果呢！可不可以。」

所以，若你蹲下來看著他說：「你很想吃桌上的糖果，對不對？」

　　我想兒童給你的回應一定不一樣了，因爲你眞正接觸到他的內在，你了解他背後的意義和動機。

(二) 示例說明

　　（例一）兒童在黑板上寫「2＋5＝7」。

　　　　　　追蹤行爲的話會說：「你把他們加起來。」

　　　　　　但是如果跟兒童已建立好關係，想擴展行爲的意義，可

　　　　　　以根據對此兒童的了解說：「你喜歡讓我知道你會加法。」

　　（例二）「我下次再來，是不是還是你跟我玩？」

　　　　　　「你喜歡我用這樣的方式和你玩。」

　　（例三）「你要讓我知道你知道該怎麼修理它。」

　　　　　　「我告訴你這個就是這樣弄，這樣你會不會？」

　　　　　　「你很想教我怎麼修理它，我試一下看看。」

　　（例四）「你怎麼都不笑了？」

　　　　　　「你在猜我對你的感覺是什麼？」

四、建立自尊技巧

(一) 建立自尊技巧的解釋

　　在現實生活中，大人們常對兒童表現正向的行爲視爲理所當然，而忽略了對這些行爲的即時回饋。在自由遊戲過程中，當兒童的行爲表現出他的能力時，治療師要能以口語反應出來，讓兒童知道治療師看到了，且治療師是接納及肯定的。自由遊戲的過程，就是經由這些點點滴滴的回應，讓兒童相信自己是有用、有價值、有能力與受到重視的個體。治療師用的是正向積極的態度與方法，對兒童建設性行爲予以鼓勵，從小處給予肯定，這樣的方式便是尊重並欣賞每個兒童不同的優點。

　　在自由遊戲的過程中，我們非常看重這部分的反應，因我們深信一個

有自尊心、自我概念高的小孩,是不會有偏差行爲的。因此在過程中,我們常表達說出:「你會……」、「你能夠……」、「你一直……」、「你可以……」等類似的口語常會出現,但重點是反應這些行爲的過程,而非只是結果。

(二) 示例說明

（例一）小明擠出黃色和紅色顏料,並把他混在一起,然後很得意的
發現顏色的變化。

「你知道把黃色和紅色顏料混在一起,就變成橘色了。」

（例二）小明小心翼翼的排積木。

「你會用這些積木拼出你想要的東西。」

（例三）小明努力的往娃娃屋頂爬。

「你很努力的一步步往上爬。」

「喔!好滑,你滑了下來。」

「你仍然努力的爬。」

「哇!能夠自己爬上娃娃屋的屋頂!」

五、幫助做決定及給責任技巧

(一) 幫助做決定及給責任的技巧解釋

幫助做決定及給責任技巧的內涵,其實就是讓兒童選擇,自由遊戲過程中只要兒童不逾越界限,就讓兒童自行決定,若遇到不敢作決定的兒童,治療師就是要鼓勵其做決定。

在兒童面對問題困境而猶豫不決時,治療師不是主動去幫兒童解決問題,而要耐心地鼓勵兒童,幫助兒童自己做決定,做出屬於自己的決定,也就是將屬於兒童本身的責任還給兒童,讓兒童從經驗中學習自己做決定及爲自己負責的態度,並不是爲兒童承擔所有的責任。今天若要我們的兒

童更有責任、更有自信，讓我們從自由遊戲做個開始，鼓勵兒童做決定並負責任，亦即堅守此一信念，**「在這段遊戲時間，一切是由兒童主導，一切是由兒童來決定。」**

當他無法做決定時，同理他可能的感受，但仍告訴他，在這裡一切是由他來決定的。所以，我們常說的一句話是「你想要怎麼玩，就可以怎麼玩。」

治療師在面對兒童要求為他解決問題時，**態度上是給予支持與鼓勵，而非數落、拒絕或評判，讓兒童感到安全**，不管他的想法或感覺如何，可以盡量說出來，不須要有所顧慮。

(二) 示例說明

（例一）當兒童不想玩時，治療師並不需要費盡心思誘導兒童來玩，或驟下結論結束遊戲，只須反應：「你很難決定想先做什麼。」或是「你現在只喜歡靜靜坐著看。」

（例二）兒童拿著顏料罐說「我不會開，幫我打開。」治療師無須立即為兒童做事，可以說「你弄給我看，要我怎麼幫你。」如果兒童真的需要一些幫忙，可以與兒童一起做，或者治療師先做一部分，剩餘部分由兒童來完成。讓兒童在問題解決過程有參與感。

當兒童有不恰當行為時，與其制止他，不如給兒童另一個選擇。提供另一個可接納的選擇給兒童，這樣可以增加兒童做選擇的能力，這也是設限技巧的目標。（可參看第四章第二節有關自由遊戲之設限內容）。

六、提供自由及統整

(一) 提供自由的技巧解釋

這個技巧是幫助兒童在遊戲單元中發揮創造力，及用自己的方式來

行動。不隨意回答兒童的問題，以保留更多空間給兒童發揮，也不主動冠名稱於兒童所用的玩具或遊戲上，讓兒童有更多自由發揮創造力的空間。治療師不要對兒童的舉止與感覺有好壞之分，這些舉止與感覺都是可被接納。在接納中的兒童會感覺到自己是一個有價值的個體，但治療師要注意的是，接納也不是表示贊同兒童所做的一切。

當我們給了兒童一個標準答案之後，自由的創造力就減少了，例如兒童問「我是不是只能畫一個太陽？」「這個圓圓的東西是什麼？」當兒童拿這積木玩具在空中揮舞時，不要急著說：「我看到你拿著積木在空中飛來飛去。」因此時這個積木在兒童的想像中是一架飛機。你可以用這個、那個、它、他、他們等等來代替。

(二) 示例說明

（例一）治療師在進行結構式遊戲治療的開場白，常是：

「在這裡，你可以用任何你喜歡的方式來玩。」

（例二）當兒童準備一幅畫送給治療師，問治療師希望要什麼樣的顏色，治療師可以說：

「在這裡，你可以替我決定一個顏色。」

（例三）兒童拿某件玩具問：「這是什麼？」

治療師可以說：「在這裡，你想當它是什麼，它就是什麼。」

第三節　自由遊戲之設限

明確的界限是遊戲治療之所以有成效的重要因素，時間、空間的界定就是第一個基本的界限。當兒童的行為逾越了規範或界限時，就需要透過設限技巧來規範兒童。以下就設限的用意、時機、步驟加以說明，然後再

舉一個示例說明。

一、設限的用意

　　設限主要在傳達了解、接納及責任給兒童。目標不在制止行為，而是幫助兒童用更恰當的方式來表達動機、慾望或需求。自由遊戲鼓勵兒童盡情的表露，但若兒童有一些危險或不適當的行為要出現時則需要設限，也就是不准他做，但決不是用權威、威脅的方式來制止。設限是一項很重要的技巧，若你能體會到它的內涵，你會更了解自由遊戲的療效。

二、需要設限的時機

　　基本上有三個情形是一定要設限的，就是當兒童的行為會傷害到自己、傷害到治療師，以及故意破壞設備、玩具時。另外還有許多可能的設限時機，則會因兒童的特質、背景、不適應行為的內容而會有所不同。

　　例如一位很退縮內向又拘謹的兒童，開始嘗試以水彩畫圖時，治療師可能會肯定他的此一行為，並鼓勵他加水著色。但一位不遵守規範，行為較散漫兒童，當他要盡情用水彩潑灑圖畫紙時，治療師可能會規範潑灑的範圍僅能在圖畫紙上，而不能任其盡情的在遊戲室揮灑。由上可知，同樣的以水彩畫圖的行為，治療師可能對甲兒童不僅不會設限，還會肯定及鼓勵其行為，但對乙兒童則會設限。根據高淑貞（1996）的設限時機歸納如下：

　　1. 兒童不能以任何方式傷害或攻擊治療師的身體（言語上的攻擊性可接受）。

　　2. 兒童不能擅自離開遊戲單元（上洗手間以一次為限）。

　　3. 兒童不能故意破壞遊戲室中的玩具。

　　4. 遊戲單元進行前先與兒童預告時間，時間到了即結束。

三、設限的步驟

當治療師確定要使用設限技巧時，請治療師就很肯定的進行，其步驟大概有以下幾個步驟。

1. 指認兒童的感受、盼望及想法。

2. 說出限制。

3. 提供另外可行的途徑。

4. 陳述最後選擇（當兒童打破限制時，別忘了耐心是最高準則）。

將上述四個步驟具體描述如下：

步驟一：先確定兒童的行為是不是需要設限，若決定要設限，覺察一下自己的情緒，不要讓自己的情緒影響了設限的執行，即要掌握溫和而堅定為最高指導原則。

步驟二：執行三步驟設限

1. **明白兒童情緒**：「我知道你很想……」或「我明白你感到非常……」等等。

2. **訂下設限**：「但你不能……（因為……）」或「答案是『不』」或「櫃子的門不是用來踢的」。

3. **提供另外的選擇**：「若你喜歡，你可以……」或「你可以選擇……」。

步驟三：若設限奏效，則繼續進行遊戲。

步驟四：若無效，例如兒童會想再和你討論、討價還價、賴皮、甚至哭鬧……。你則繼續重複上述步驟，**但配合行動來證明**。

「我知道你想再討論，但我已回答了這個問題。」

「若你無法修正你的行為，那我們今天的遊戲時間就到此。」（邊說邊站起來）

四、示例說明

範例一

情境：兒童在牆壁上畫畫

　　1.指認出兒童內心的感受：

　　　　「我知道你很喜歡在牆壁上畫畫。」

　　2.描述限制內容：

　　　　「可是牆壁不是用來畫畫的。」

　　3.提供其他可行之道：

　　　　「你可以畫在紙上或黑板上。」

範例二

情境：兒童拿著BB槍要射你

　　1.指認出兒童內心的感受：

　　　　「我可以感覺到你現在很生氣。」

　　2.描述限制內容：

　　　　「可是你不能拿槍射我。」

3. 提供其他可行之道：

「你可以射在牆上或天花板上，或者假裝那個不倒翁是我，射在上面。」

五、治療師運用設限時的心理準備

設限其實是一個很重要的技巧，它可以讓兒童更有依循。治療師前後一致的界限，其實就是提供兒童很好的學習典範。兒童可以學習到在界限之內，充分的享有自由、選擇及決定的權力。就如同我們常說沒有規範的愛，其實是一種「溺愛」，不僅沒有幫助兒童，反而害了兒童。記得！真正的愛是有規範有界限且前後一致的。

但當治療師要執行設限技巧時，可能要有以下幾點心理準備：

1. **把握溫和而堅定的指導原則**。設限的時機都是在兒童有不適當行為出現的時候，治療師要能有效進行設限，首先就是要避免自己被挑起情緒。因此，鼓勵治療師在設限前，先覺察自己的情緒狀態，讓自己保持在一種溫和而堅定的狀態，如此才能發揮設限的真正精神，表達對兒童的了解，引導兒童學會更有責任且合於規範的行為。

2. **執行要貫徹且前後一致**。前述提及有些設限的行為是會因兒童而有差異，因此，治療師要很清楚為何要設限，當決定要設限時就要貫徹，千萬不可以執行到一半，因為兒童的反彈或情緒而放棄設限。

3. **設限步驟中所提供給兒童的選擇，一定要治療師可以實現的**。設限四步驟中的選擇內容，必須是治療師能夠執行的內容。

4. **設限主要是要兒童暫停或修正其不恰當的行為**。在第一次設限沒有奏效時，治療師接下來要以行動來證明設限的決心，且不需要再針對欲設限的行為做**太多的**同理反應。例如遊戲時間已到，兒童還不願意結束遊戲

時，在第一次設限後，兒童仍賴坐在遊戲室中時，治療師應該立刻起身、開門、關燈等行動來證明治療師的決心，且在進行起身、關門動作時，頂多只需要再進行一次對兒童內心感受的同理反應，最重要的是強調遊戲時間已到，我們必須離開了。

5. **設限的行為已即將發生時，優先以行動制止不恰當行為**，然後再進行設限的步驟。治療師看到兒童即將做出不適當行為時，為不讓不適當的行為發生，治療師當優先以行動制止。例如兒童意圖將水袋中的水，或沙箱中的沙潑灑在遊戲室時，若還先以口語描述設限的步驟，則可能話還沒講完，水或沙子已灑滿整間遊戲室。此時，治療師應該優先前往制止，限制住其行為後再進行口語的描述。

第四節 結構式遊戲治療之進階技巧

結構式遊戲治療的特色之一，就是運用布偶意圖建構一個與兒童的正向連結。在結構式遊戲治療的實務中，第一次與兒童見面時，治療師運用布偶與兒童打招呼，請兒童為其選擇的布偶命名等過程，其實是很自然且不會花很多時間的，重點是在接下來的遊戲治療過程，除了像儀式般的一致且穩定的與兒童互動之外（如見面時的打招呼、結束時布偶與兒童抱抱然後說再見……），還要隨時在適當的機會，擬人化地將布偶客體當成是一個也參與在遊戲治療過程的夥伴，一起參與陪伴兒童遊戲，治療師有時會和布偶客體對話，有時會以布偶客體的立場對兒童做反應，有時則會創造一些機會讓兒童與布偶有些身體的互動或接觸，這都是在**運用布偶客體與兒童連結**。

有時兒童在遊戲治療過程中出現了一些轉折、進步、有別於過去的反應模式時，治療師除了做反應之外，更鼓勵可以運用布偶客體一起見證

兒童的轉折與進步。這就是**運用布偶客體於結構式遊戲治療過程之見證技巧**。

隨著遊戲治療的進展，有時會接觸到兒童比較深的議題，進而觸動到比較個人內在的情緒、感受或想法，當下兒童是沉浸在那樣的氛圍，但很難以口語表達出來，此時治療師自身或運用布偶客體像兒童「替身」般的反應出兒童當下的情緒、感受或想法。這樣的過程很類似於完形治療的空椅或心理劇的替身或輔腳技巧，在結構式遊戲治療中稱之為**鏡射技巧。亦即**治療師可以以個人或布偶客體的角色，但是是以第一人稱的方式，像鏡子般的反映出兒童內在緒、感受或想法，鏡射技巧有**「反映關鍵口語」**、**「配口白」和「發聲」**等三種技巧。

總之，在遊戲治療歷程中建構了一個與兒童有正向接觸的布偶客體時，會讓治療師有更多的發揮空間，也讓遊戲治療的技巧反應更多元與豐富。而這些技巧的介入有助於兒童與布偶客體的連結，未來在結案後，這個布偶客體也就更能象徵著這個「正向且獨特的陪伴經驗」。兒童只要看到這個布偶客體就能感受到過去陪伴、被接納的這一個正向經驗。

最後要介紹「語助詞的應用」此進階技巧。很少有人會把「語助詞的應用」視為一個技巧，只認為這是說話過程中的一種點綴、修飾或習慣。但筆者多年的結構式遊戲治療實務與督導經驗，發現「語助詞的應用」是非常重要的，適切的語助詞會讓整個遊戲過程的反應，變得非常的流暢、生動而且能夠達到很精簡的效果。有時語助詞搭配著適當的音調語調，能夠讓整個遊戲過程的反應變得非常的生動、活潑，這都很具有畫龍點睛的效果，所以，不要忽略了語助詞的應用，當治療師很投入、專注於遊戲治療過程中時，經常就會很自然地運用語助詞做反映，期待經過筆者在本書的說明之後，治療師就更能夠善用且明白「語助詞的應用」在遊戲治療過程中的重要。

一、運用布偶客體於結構式遊戲治療過程之連結技巧

(一) 建立連結技巧的解釋

連結就是要將布偶客體讓兒童注意到，感受到布偶客體的存在。有些兒童會好喜歡這樣的一個布偶客體，會主動的抱著布偶客體跟他說話，有時還會主動帶著布偶客體參與他的遊戲，但多數兒童可能不會如此主動，布偶客體本身不會講話也不會有聲音，若沒有透過治療師有意圖的連結，此布偶客體能與兒童產生連結的可能及程度就會很有限，因此在某些時機點，治療師就要運用「連結」的技巧。

連結的技巧運用有點像是日常生活中，我們在幫忙兩位陌生人更認識彼此，透過一些互動、交談讓兩個人越來越熟悉。在結構式遊戲治療過程中，治療師創造出讓布偶客體一起參與兒童的遊戲、建構一些布偶客體與兒童適當的身體接觸機會，以及布偶客體對兒童進行情感的反應等方式，來加深兒童與布偶客體間的連結，筆者將這些技巧稱之為「遊戲的連結」、「身體的連結」和「情感的連結」。

1.**遊戲的連結**：簡言之，就是引導兒童願意讓布偶客體更靠近的觀看其遊戲，或是讓布偶客體也一起參與在其遊戲的過程。

2.**身體的連結**：結構式遊戲治療的核心精神是要給兒童建立一個「正向且獨特的陪伴經驗」，透過布偶客體跟兒童有適當的身體接觸，就成為結構式遊戲治療的的一個特色。運用布偶客體和兒童打招呼、握手、正向的碰觸兒童的身體或引導兒童抱抱布偶客體，都是治療師常運用進而達到「身體的連結」的效果。

3.**情感的連結**：簡言之，就是治療師在進行情感反映技巧時，轉換成是以布偶客體的立場對兒童做反應。有時也可以是治療師和布偶客體以對話的方式來反映兒童的心情。

(二) 示例說明

1. 遊戲的連結

（例一）小明將汽車排成一長排，然後開始玩起搭載動物玩偶遊戲。

　　　　治療師反映：「小明，小灰灰（布偶客體的名字）也想過去坐在汽車上。」

（例二）小明將很多小物件藏在沙箱中，然後邀請治療師將其找出來。

　　　　治療師反映：「你要老師將你藏在沙箱中東西找出來。」

　　　　　　　　　　「小灰灰，走！我們一起去找小明藏的東西。」

　　　　　　　　　　「哇！你看！小灰灰找到了。」（用布偶拿出藏在沙箱中的物件對著小明說）

（例三）小明很興奮的用球將排列好的積木推倒，然後再將積木排起來，再用球推倒。

　　　　治療師反映：「小灰灰看你玩的好開心好興奮，他也想過去看你玩！」

　　　　　　　　　　「好！」

2. 身體的連結

（例一）小明在遊戲單元時間，進到遊戲治療室，治療師事先帶著小灰灰，迎接小明的來到。

　　　　治療師反映：「小明你好，這是小灰灰，來！小灰灰跟你握個手歡迎你來。」

（例二）小明玩積木的組合，然後很得意說他組合了一座城堡。

　　　　治療師反映：「小灰灰你看，小明好開心喔！他組合出一座城堡了，我們給他拍拍手。」（治療師握著

布偶客體做拍手狀）

「小明來！小灰灰要給你一個give me five。」

（治療師拿著布偶客體跟小明接觸）

3. 情感的連結

（例一）小英一進到遊戲室，就一反往常的直接走到遊戲室的一個角
落，頭低低的坐在地板上。

治療師的反映：「小灰灰看到你悶悶不樂的樣子，他想過去
坐在你身邊。」

（小明點點頭，治療師帶著小灰灰坐在小明
旁邊）

「你好像很不開心。」（治療師拿著小灰灰
對著小明，直接以小灰灰的身分對著小英
講話）

二、運用布偶客體於結構式遊戲治療過程之見證技巧

(一) 見證技巧的解釋

　　基本上見證技巧是敘述治療常用的一種技巧，結構式遊戲治療希望透
過見證技巧的運用，**擴展兒童的視野，看到兒童的優勢與能力，同時也是
跟兒童一起分享他在遊戲過程中的喜悅與轉變。**

　　結構式遊戲治療建構了布偶客體的存在，使得治療師在運用見證技巧
時，多了一個見證的夥伴，也使得見證更具效力。常言「人言可畏」，指
的是幾個人不斷地批評、謾罵、中傷某個人（團體）時，其負向的影響力
是常大的！但反過來說，若是幾個人對某個人（團體）相互的傳頌，肯定
這個人（團體）的優點、轉變與進步，這樣也會產生很正向的影響力。結
構式遊戲治療深深地相信，治療師的各種反映技巧都傳達了了解、接納與

肯定給兒童，今天若治療師又可以將布偶客體加進來，相互地傳達兒童的轉變與進步，我想這個轉變與進步會更鞏固。

在此就介紹治療師如何搭配布偶客體進行所謂的「行為上的見證」、「遊戲過程的見證」。這樣的分類其實只是為了方便解釋，在實務過程中，其實都是交替或混合著運用的。

1. **行為上的見證**：亦即兒童在行為上有所轉變時，治療師可以和布偶客體一搭一唱的將兒童的轉變反映出來。在此要特別強調「轉變就是有別於原有的任何一切」，而不是達到我們的一個既定的標準才叫轉變。因此，兒童一個新的嘗試、新的遊戲、新的互動也都可以是我們見證的內容。

2. **遊戲過程的見證**：結構式遊戲治療強調歷程回顧，每個遊戲單元結束時要做歷程回顧，結案更要將整個遊戲治療的歷程做成一本遊戲小書或影音檔。因此，在這樣的理念下，遊戲過程的見證就有其重要性，再則就是結構式遊戲治療也認為一個有主題的遊戲過程是有其意義的，它可能反映或投射了兒童一個關注的議題，若治療師也能將這樣的過程在當次的遊戲治療單元中，透過與布偶客體的對話而將此主題的遊戲過程見證，也會是很具療效的。

3. **情感的見證**：在遊戲治療實務經常會有所謂情緒困擾、情緒障礙或很容易就有情緒的孩子。通常當我們適當的運用情感反映或設限技巧，都有助於在情緒表達上有困擾的孩子有所進步，當孩子在情緒表達上有轉變或進步時，當然都治療師值得運用布偶客體立刻反應。

(二) 示例說明

1. 行為上見證

（例一）小明以往都要媽媽陪伴下才願意進遊戲室，今天小明自己走進遊戲室。

治療師反映：「小灰灰你看，今天小明時間自己進到遊戲

室，不必媽媽陪他進來了。」

「對！我有看到他在遊戲室外跟媽媽說再見，

然後就走進來了！」（治療師以布偶客體的

角色反映）

（例二）小明開始玩著過去從未玩過的沙子。

治療師反映：「小灰灰你看！好特別喔！這裡竟然有沙子

呢！小明抓著沙子，沙子都從手上流下來

了。」

「對啊！以前都沒玩過呢！真好玩，沙子都

流下來了。」（治療師以布偶客體的角色反

映）

（例三）小明邀請治療師過去跟他一起下棋。

治療師反映：「喔！你要我過去跟你一下棋。」

「小灰灰你看，小明邀我一起跟他下棋。」

「嗯！真好，小明小明，我也過去可以嗎？」

（治療師拿著布偶，對著小明說話）

2. 遊戲過程的見證

（例一）小明扮演醫生幫小動物看病的遊戲過程。

治療師反映：「小灰灰你看，動物們的病都被小明治好

了。」

「對啊！我有看到小明還幫長頸鹿打針，還

用聽診器聽好久好久，說他得了腸胃炎。」

（治療師以布偶客體的角色反映）

「是啊！剛才小白兔好像會害怕呢！」

「小明就說不要怕，他會很溫柔的，然後就輕
輕的先幫小白兔聽聽看哪裡不舒服。」

「對啊！小明知道有很多小朋友都會怕去醫
院的，所以他特別的溫柔，就是不要讓小朋
友害怕嘛！」（治療師以布偶客體的角色反
映）

（例二）遊戲單元結束前，治療師拿著布偶客體要跟兒童說再見。

治療師反映：「小明時間到了，我們要離開了。小灰灰，來
跟小明說再見囉。」（小明起身）

「小灰灰，你今天有看到小明做了些什麼？」
（治療師拿起布偶客體對著小明說）

「我今天看到小明一開始就很專注的排積木，
排出一座城堡，還有許多士兵在保護這座城
堡喔！然後也看到……。」

「來！你給小明一個擁抱，然後說再見！」
（治療師拿著布偶客體靠近小明並適當的接
觸小明的身體）

3. 情感的見證

（例一）兒童是很喜歡遊戲室的一個汽車玩具，很想帶回
師設限之後，一個人生氣地背對著治療師，動也不動的坐
著。一段時間過後，兒童開始拿了幾個玩具放到身邊。

治療師反映：「嗯！小灰灰你看，小明拿了幾個玩具過去，
嗯！對你也覺得小明沒那麼生氣了。」

「小明，小灰灰說你今天很快就管住你的生
氣喔！所以，你現在決定要開始玩玩具了，

　　　　　　　　　　嗯！老師也有看到你管住你的生氣了。」
　　　　　　　　　（治療師拿起布偶客體對著小明說）
　（例二）兒童過去三次遊戲單元都是很抗拒的來到遊戲室，在第四次
　　　　　　遊戲單元，兒童很準時且開心的進到遊戲室。
　　　　　治療師反映：「小灰灰！你看！小明今天很開心的準時來到
　　　　　　　　　　　　遊戲室喔！」（治療師拿起布偶客體對著小
　　　　　　　　　　　　明說）
　　　　　　　　　　「對呀！我好喜歡小明開心的笑容！」
　　　　　　　　　　「來！我們給小明一個give me five!」（治療
　　　　　　　　　　師拿著布偶客體靠近小明並一起擊掌）

三、結構式遊戲治療之鏡射技巧

(一) 鏡射技巧的解釋

　　鏡射技巧與其他遊戲治療技巧間最大的差異，除了就是要像一面鏡子般的，將治療師看到兒童外在的行為及內在的感受反映出來之外，更是要以第一人稱的方式做反映，我們稱之為「鏡射技巧」。結構式遊戲治療因有布偶客體的建構，所以運用鏡射技巧時，治療師可以以個人的角色進行反映，也可以轉換成以布偶客體的角色來來進行反映，鏡射技巧有「**反映關鍵口語**」、「**配口白**」和「**發聲**」等三種技巧。

　　1.**反映關鍵口語**：遊戲治療的過程也常看到有些兒童會一邊玩一邊講述遊戲的內容，通常這樣的過程都表示兒童是很投入在其遊戲中，遊戲的進行多數也都會很快，此時，若是運用追蹤描述行為的技巧，就很難做好跟隨式的反映。另外就是有時兒童很投入於遊戲時，會自發地發出一些遊戲過程情節該出現的聲音，如兒童玩兩軍隊對抗時，玩到發射大砲或炸彈時就會出現「轟」的聲音。

上述的這些過程，筆者認爲「反映關鍵口語」的技巧是最適當的，這樣的技巧傳達出治療師很專注、有興趣、夠了解及接納兒童的遊戲，且不會跟不上或干擾兒童遊戲的進行速度。

就筆者的實務經驗發現，當治療師很專注且放鬆的跟隨著兒童的遊戲時，經常會很自然的做出很棒的「反映關鍵口語」的反映，這就好像當我們很專注的欣賞一場電影、競賽時，會隨著電影情節或競賽過程的氣氛，自然自發的發出一些緊張、興奮、嘆息、開心等的口語反映。由此可知，治療師也是很有「人味」的、很輕鬆的陪伴兒童就對了！

2. **配口白**：前述提及有些兒童會一邊玩一邊講述遊戲的內容，也有很多兒童在遊戲治療的過程，就是很專注的投入於遊戲中，幾乎沒有口語的表達，兒童此時此刻正是透過玩具、遊戲的過程在做一種非口語的表達。此時，若治療師能體會或了解到兒童所要傳達的內容或情緒，**以一種類似配音、配口白的方式，將兒童所要傳達的內容講出來**，會讓整個遊戲治療過程更爲生動，且讓兒童感受到治療師是與他在一起的，這是一個很棒的陪伴過程。例如兒童拿著飛機玩具在空中飛來飛去的，治療師或布偶客體此時在旁邊「咻！咻！飛過來，飛過去！」的反映，這就是一種配口白的反映技巧。

3. **發聲**：「發聲」技巧類似於「情感反映」或「反映意義」的技巧，其中最大的不同是「情感反映」或「反映意義」是站在治療師的立場反映對兒童的了解，「發聲」技巧則是站在兒童的立場來反映，例如兒童很生氣的拿著棒子打著沙袋，若是情感反映會說：「你好生氣的打著沙袋，打！打！」若是「發聲」則可能會說：「氣死我了！氣死我了！打！打！」此技巧有時也可以運用布偶客體一起進行。讓布偶客體來替兒童發聲，不僅達到反映兒童內在情感或反映意義的效果，也讓兒童跟布偶客體有了連結。這樣的一個過程若適當的運用會產生很有力量的效果，但要特

別提醒的是在運用此技巧時，要建立在一個關係很好且治療師是有把握了解到兒童所要傳達的內容實在運用此技巧。不然就會是在干擾或暗示兒童的遊戲。

(二) 示例說明

1. 反映關鍵口語

（例一）兒童在幫娃娃換衣服，一邊玩一邊說，等一下換好衣服要帶他去遊樂園玩，在換衣服過程不小心弄掉了一個鈕釦。

兒童：「我在幫他換衣服。」（一邊幫娃娃換衣服，一邊描述）

治療師：「來！換衣服。」（治療師很專注的陪著兒童）

兒童：「等一下，換好衣服我帶你去很好玩很好玩的遊樂園。」（兒童對著娃娃說話）

治療師：「遊樂園玩呢！」

兒童、治療師：「哇！」（兒童幫娃娃換衣服的時候，將衣服的扣子拉斷，掉下來了。兒童和治療師同時發出「哇！」的聲音）

2. 配口白

（例一）兒童不發一語地拿著積木，在空中向飛機般的飛過來飛過去。先是右手拿積木而已，治療師反映之後，兒童左手也拿起另一個積木，雙手在空中揮舞著積木。

治療師：「咻！咻！咻！」（兒童隨著治療師的反映，揮舞的速度加快）

治療師：「哇！更快了，咻咻咻！咻咻咻！」（兒童左手再拿起一個積木，雙手更用力的在空中飛舞著積木）

治療師：「兩架飛機了，衝過來衝過去的，咻咻咻！哇！交
　　　　叉飛過，俯衝！往上衝！咻咻咻咻！」（治療師
　　　　跟隨著兒童飛舞的狀況進行反映）

3. 發聲

（例一）兒童將娃娃抱起來，然後拿著玩具槌子，一邊說不乖不乖，
　　　　同時一直打著娃娃，然後將娃娃丟到地板上。

兒童：（拿起娃娃及槌子，然後開始用力的打著娃娃）

治療師：「哇！哇！哇！好痛！好痛喔！」

兒童：「不乖！不乖！」（繼續的打著娃娃）

治療師：「哇！哇！我好害怕喔！大人打小孩的時候，常都
　　　　會說小孩不乖！」

兒童：「不乖！不乖！」（然後將娃娃丟到地板上）

治療師：「不要！不要！不要將我丟棄，我好害怕！我好害
　　　　怕！不要嘛！哇哇哇！」（兒童停了下來，看著
　　　　被丟到地板上的娃娃）

治療師：「你看著娃娃，他好難過，好害怕！」（治療師邊
　　　　說邊注意兒童的反應，稍做停頓，評估兒童仍停
　　　　留在此狀態中，則繼續後續的反映）

治療師：「大人生氣的時候，會打小孩，罵他不乖。」（治
　　　　療師慢慢的反映，評估兒童是否仍停留在此狀態
　　　　中，若有則繼續後續的反映）

治療師：「有時還會將他們趕出去，好可怕喔！」（兒童若
　　　　停留在此狀態）

治療師：「小灰灰，你看娃娃好難過也好害怕！你去抱他過
　　　　來。」（治療師帶著布偶客體過去將被丟在地板

上的娃娃抱過來，同時注意兒童的反應）

治療師：「嗯！他真的好難過。」（治療師邊講邊用布偶客體輕輕的撫慰著娃娃）

治療師：「來！小灰灰！我們來選幾個東西送給娃娃，讓他不要再那麼難過。」（治療師對著布偶客體說話）

治療師：「好啊！小明來，我們一起來選。」（治療師拿起小灰灰對著兒童說話）

治療師：「小明！來！你也是小孩子，你來幫小灰灰選幾個東西，送給娃娃。」（治療師拿出能量圖卡，撲在桌面）

治療師：「嗯！你選了隱形斗蓬、100分考卷和任意門。」（兒童選了三張能量圖卡）

治療師：「小明，你來說說看，是什麼原因娃娃會要要選這三張。」（治療師邀請兒童描述）

說明：

1. 前述介紹「發聲」技巧時，已經說明此想技巧若應用得當是很有力量的。也因為如此，治療師在應用時要邊反應邊評估兒童的狀態。

2. 若兒童想跳開或逃離此感受（經常會去玩別的遊戲），則尊重及跟隨兒童，不再繼續反映。

3. 治療師在進行上述反映時，要注意兒童的反應，評估兒童是否仍停留在此狀態中，若有才繼續後續的反應。

4. 若兒童可以一直停留在此狀態，後續治療師可以利用能量圖卡或能量語句，讓兒童在被滋養或提供正向能量的狀態下，結束這樣的一個遊戲過程。

四、語助詞的應用

(一) 語助詞的應用技巧解釋

在兒童遊戲的過程中，可能進行重複多次相同的動作，例如兒童一個接一個地擺放了一、二十個玩具士兵；又或其專注在從事繪畫、著色等等持續性的活動時，治療師若不斷地重複追蹤描述該行為，到最後可能會變成類似鸚鵡學話般的反覆播報，這可能會讓兒童覺得聒噪而受干擾，或顯得過於刻意而不自然。

遇到類似的情境時，治療師可以在三、五次的追蹤描述行為反應後，於恰當的時機間隔裡，緩緩地發出「嗯……」、「哦……」、「咦……」等語助詞的反映，就可以讓兒童持續的感受到治療師在這段時間裡，雖然沒有口語式的對話反應，但其仍持續的陪伴在自己身邊，對自己的遊戲感到深厚興趣的態度，兒童也相對會更積極投入其遊戲行為。

再者，我們發現良好的語助詞反應，也同時伴隨有反應兒童的情緒狀態，以及表達治療師對兒童發揮解決問題能力，展現堅持、努力及勇氣等特質的看見與欣賞之效果，例如當兒童用積木在蓋一座高高的城堡時，治療師在積木不小心跌落時，「唉呦……」一聲，恰恰同理反應了案主感到嚇了一跳、覺得可惜的內在情緒。而在城堡蓋得很高很高的時候，「哇……」尾音上揚的反應，也充分地顯示出治療師對案主專心、細心、有耐心等特質、能力的肯定與讚賞！其他如兒童按電鈴時，治療師發出「叮咚……叮咚」、撥電話時「嘟……嘟」、開槍射擊時「碰……碰」、物品飛行時「咻……咻」等反應，也都屬語助詞運用的範疇。

總而言之，語助詞的使用可以讓兒童感受到治療師的持續關注及同在，也具有反映出兒童當下情緒感受的功能，也是一種精簡的反應，所以，這是一個很有效的反應技巧喔！

(二) 示例說明

1. 使用語助詞填補口語反應的空白

（例一）兒童將辦家家酒玩具組的碗盤一個接一個地放回櫃子裡。

> 「嗯……一個一個放回去，嗯嗯！」

（例二）兒童挑選了黑色的蠟筆，很用力地在圖畫紙上來回塗畫。

> 「嗯……選了黑色，嗯……很大力的在塗，塗！塗！塗！」

（例三）兒童拿起了兩塊積木在空中交錯飛行。

> 「咻……咻……飛過來、飛過去。」

2. 使用語助詞伴隨其他基本反應技巧

（例一）兒童想將玩具士兵部屬在城堡的高牆上，一不小心卻掉落下來了。

> 「哎呦……哎呦……掉下來了！」（緊急、可惜──反應情感）

（例二）兒童將塑膠巧拼連結在一起，形成一道圍牆，在將其立起來的過程數度倒下。

> 「噢噢……圍牆倒了！」（驚訝、緊張、可惜──反應情感）
>
> 「啊……（笑）又再倒了！」（緊張、有趣──反應情感）

（例三）兒童用樂高積木建造完成了一艘戰艦。

> 「哇……終於完成了！」（讚賞──提升自尊、反應情感）

（例四）兒童在玩具櫃中，反覆斟酌地想要挑選出動物家庭中媽媽的角色。

> 「咦……欸……到底該選哪一個才好呢？」（仔細思考、難以抉擇──促進作決定及給責任）

第六章
第二段之診斷遊戲

　　遊戲是很能讓兒童放鬆及放下防衛的介入，透過兒童遊戲的主題、內容的分析，可以蒐集到許多有關兒童本身特性及其不適應行為的資料，以達評估及診斷的目標，再則就是整個遊戲過程其實也都是診斷評估的過程，任何一個遊戲過程都具有提供與兒童有關資料診斷的功能。此處所稱的診斷遊戲，是指明顯意圖要蒐集有關兒童在家庭、學校或個人自身的相關資料。下面將分三節分別介紹語句完成測驗、圖片編故事和擺設動物家庭三種診斷遊戲。

　　再者就是治療師也要學習應用「緊v.s.鬆」和「親密需求v.s.權力需求」交錯而成的四個象限的概念來做診斷（請對照第一章第二節及第六章的內容）。

第一節　語句完成測驗

　　語句完成測驗可以說是一種極為簡單方便的工具，是以兒童的背景、不適應情形、不適應行為等做為依據，自編語句完成測驗的題幹。根據多年的遊戲治療實務經驗，深刻體會到語句完成測驗在實施上非常簡便，卻又能收到非常好的效果，因此極力推薦在進行資料蒐集及診斷評估時，多應用此測驗。

一、語句完成測驗的優點

1. 施測簡單方便：語句完成測驗的施測過程，基本上只需要有題目紙、鉛筆、橡皮擦，空間適當大小，不會受到干擾的情境，就可以進行施測，可以說是一種簡單方便的施測工具。

2. 可以依兒童問題特性設計題幹：語句完成測驗的題幹是一個刺激，主要是用來引導受測者的投射，治療師可以根據受測者的問題背景，來設計這些題幹的內容。這是語句完成測驗異於一般測驗的地方，也是這個測驗的優點。

3. 沒有年齡限制：雖說語句完成測驗通常是以文字書寫的方式完成，但對於學齡前兒童、低年級學童及書寫能力不佳之兒童，仍可改以其他形式進行此項測驗，例如以詢問方式引導兒童口頭回答，或是以布偶演劇方式進行。對於青少年及成人也很適合以語句完成測驗來蒐集資料。因此，語句完成測驗的施測對象沒有年齡限制。

4. 作答題目、施測時間沒有限制：投射測驗的施測過程基本上沒有時間限制。語句完成測驗不僅沒有時間限制，還可以分不同時段完成。面對中低年級以下之兒童，就可以在每次遊戲單元過程中，抽出五到十分鐘施測，然後分幾次完成。

5. 作答形式與兒童學校學習經驗相同：語句完成測驗的回答形式，和學校寫的造句形式相同，對兒童而言不陌生，可以減低其防衛和焦慮。

6. 經濟便宜：語句完成測驗無須購買，治療師可以自編、打字、印出，即可施測。因此是一極經濟便宜的工具。

7. 沒有版權問題：語句完成測驗可以自編，因此沒有任何版權問題，這對於實務工作者是極方便的地方。

二、語句完成測驗施測原則

　　語句完成測驗在施測過程是簡單方便的。但對於學齡前兒童或抗拒的兒童，在施測時可能會需要運用其他方式，來達到語句完成測驗所要蒐集的資料。在此先介紹在實施語句完成測驗時的一般性原則及注意事項。至於在施測過程中，可能會遇到的特殊議題，則在下一段討論。

(一) 語句完成測驗施測前的準備及施測指導語

　　語句完成測驗的實施非常簡單，只要將編定好題幹的題目，印製在A4大小的紙上即可，以治療師事先所準備之文具用品進行填答。接下來介紹施測過程中的指導語、環境安排及其他相關議題。

　　1. 指導語：語句完成測驗沒有標準的指導語，僅提出實務運用時的講述內容供參酌。

　　「小明你好，現在我要邀請你來進行一個活動，這不是考試也不是作業，所以寫注音或寫錯字都沒關係，但要請你看完題目之後，馬上以你的第一個直覺寫出你心中所想的內容。」

　　「如果有問題可以隨時問我。」

　　2. 施測環境安排：不要被干擾，能讓兒童專心寫為原則，基本上就是在一般的課桌椅上進行。施測過程除物理環境的不被干擾之外，治療師也要注意兒童的精神狀態，如果兒童有寫的太疲累或精神狀況不佳時，可以考慮暫時停止，下次再繼續進行。

　　3. 題目紙張大小：紙張太大會讓兒童覺得壓力，題目好像很多。紙張太小對於小肌肉、手眼協調還在發展中的兒童，在書寫上會有困難。因此建議就以一般A4大小的紙，14-16字型大小的題目。

4.題目數量：基本上語句完成測驗是一份投射測驗，所以題目不宜太少，建議三十到五十題爲宜。

5.題目是否需要加注音：若施測對像是低年級的兒童，建議加上注音。

(二) 語句完成測驗施測過程常見之議題

對兒童而言，語句完成測驗的形式和其在學校國語課習作中造句的練習是雷同的，因此在心理上的陌生導致的焦慮或緊張現象較少。但仍有可能因兒童的發展、情緒及兒童的問題嚴重程度等因素，導致在施測過程仍會有一些議題出現，茲說明如下：

1. 兒童遇到不會寫的字或寫錯字

在對兒童進行語句完成測驗施測時，有關錯字或不會寫的字，都可以給予協助或以注音的方式完成。面對學齡前的兒童時，亦可以利用布偶的對答方式協助完成，然後治療師再加以紀錄整理，也不用每一題題目都要完成，也可以分多次完成。

2. 兒童抗拒不寫

要有效處理兒童抗拒不寫的行爲，優先要了解其背後的原因爲何？兒童的抗拒不寫可能是反應其課業學習上的挫折或厭煩；也可能是覺得題目過多；也可能是被遊戲玩具吸引，一心只想趕快遊戲。另外一種就是對接受遊戲治療的抗拒導致也抗拒各種測驗的填寫。

基本上透過同理、鼓勵，可以分次填寫或是以口述方式回答等方式介入，加上在結構今天的遊戲時間內容時，就告知今天會請兒童填寫一個測驗等，都可以有效處理兒童抗拒不寫的行爲。

對於抗拒接受遊戲治療的兒童，可能需要與轉介的導師、家長合作，優先處理此抗拒議題，才有可能解決不寫測驗的行爲。

3. 題目過多或時間不夠

題目的設計建議是在三十到五十題，可以依兒童能力、體力、智力等特質做彈性的因應，亦即語句完成測驗不是一個成就測驗，它是可以分多次來完成的測驗。即使這個測驗只寫了一部分，也可以僅就這一部分的反應來分析。

4. 兒童的自我防衛

亦即兒童回答的問題都非常表面，或是表達一種習慣、社會現象、常識的內容。如：

我是男生。

睡覺前我都有刷牙。

此時治療師可能不是急著要求兒童填寫測驗，而是了解防衛背後的意義，有時可能是關係還不夠好，那就先將關係建立的更好之後，再進行語句完成測驗的施測。

三、語句完成測驗的分析與診斷

投射測驗的特色就是，兒童可能將其內在的情感、態度、需要、價值等透過反應投射出來。語句完成測驗也具有這樣的功能，但投射測驗在解釋過程中，不能僅從一些指標或象徵就大膽下結論。語句完成測驗的題目不宜太少，就是要治療師看是否能從不同題幹的題目中，發現兒童一些共通的情感、態度、需要或價值的反應。若有共通的反應，則我們就比較能提出一些暫時性的假設。以下就提出在分析、診斷兒童語句完成測驗內容時，具有診斷意義的一些反應或現象。

1. 從多題不同題幹的刺激中，兒童會重出現相同議題內容。

2.特殊事件、際遇的內容描述。

3.不願意碰觸或刻意逃避的事件。

4.反映其目前的生活狀態。

四、語句完成測驗的運用實例

　　根據兒童的問題背景和語句完成測驗的內容作對照，來印證語句完成測驗在實務上的價值。

(一) 兒童A

　　從兒童A親戚、父親的描述和兒童A的自述中得知，兒童A原本是一位個性內向害羞的小孩。在成長的過程中遇到了許多挫折，也受到許多傷害，導致其出現許多偏差行為。

　　在此將兒童自述成長過程中的幾件重要事件，依時間序做陳述，並和其語句完成測驗內容作對照。

　　1.就學前：父親對於兒童的各種表現始終不滿意，生活起居、日常作息常被父親數落，尤其是父親常罵兒童是吃狗屎長大的兒童。這樣的一句話，兒童A至今仍耿耿於懷。

　　2.進入小學：父親開始比以前更注意兒童A的行為和功課。有一次，兒童A的字體寫的太潦草，父親很生氣的把整張紙撕掉，要兒童A重寫，父親這突如起來的動作，讓兒童A驚愕不已，一時不知該怎麼辦。

　　3.一次深刻的體罰：只要功課成績不理想，就會換來一場責罵或體罰，使得兒童A從小就痛恨功課，有一次父親用皮帶將兒童打得臥倒在地，使兒童A對父親充滿了恨意，也開始下定決心不再好好讀書。

　　4.轉學：在上述的處罰後，兒童不僅功課一落千丈，行為也開始變得乖張，在校也不斷的被老師處罰，母親將兒童A轉學，但情況一點也沒改善，反而遇到了更糟糕的老師，兒童常被老師趕到教室外罰跪，如此的惡

性循環，使得兒童由一位內向害羞的小孩變成一位乖張違規的小孩。

5.母親生病後：在兒童轉變的期間，父親一直和母親有口角，父親埋怨母親沒將小孩帶好，有時還會袒護兒童A，在為兒童A的事情爭吵過程，常又會將婆媳不和的事件引爆出來，因此關係變得很緊張，但當母親罹患直腸癌之後，父親開始壓抑他的情緒，不會再和母親正面衝突，代之以更努力的兼差賺錢，或者是會直接訓誡處罰兒童A。

6.母親過世：母親的過世是發生在兒童A蹺家一星期的期間，這一星期使他失去了一個母親，讓他覺得整個世界沒什麼值得留戀的，就更是經常蹺學、蹺家，甚至和外面的幫派混在一起。

以下將語句完成測驗內容，和前述的成長史內容作對照，讓讀者更了解如何透過語句完成測驗蒐集資料。

主題一：有關重複的議題──被罵、被打

父親罵人的時候口氣語調讓我很生氣。

弟弟應該好好讀書，不然每次他被罵，永遠都會牽拖到我這裡。

我的爸爸從不想過我的感受，只會罵人囉唆，這樣只會讓我更叛逆。

在學校不犯規就好了。

主題二：反映個人內在的價值觀、衝突

我最大的恐懼是比我大的人欺負我。

使我生氣的事，同學罵我，同學打我。

我希望我可以停止想逃家的心理。

我想要知道別人是用什麼樣的心態對待我。

人總是現實，有福同享大難臨頭各自飛。

人不應該只為自己想，多多體諒別人。

主題三：逃避的議題

在語句完成測驗中完全不提，即使題幹是我的母親，他也回答我的母

親排行老大。

綜合兒童A的背景、不適應行為及語句完成測驗的內容，我們可以了解兒童A的行為的確是不合於家庭、學校、社會的規範，是屬於「鬆」的行為，但其原因可能是因為缺乏足夠的了解與關愛導致。

(二) 兒童B

語句完成測驗是可以運用在不同年齡層的兒童，因此，不要擔心語句完成測驗是否不適用在高年級的兒童。下面的例子，就是一位青少年兒童在語句完成測驗上的反應。

兒童B是一位特殊際遇少女，未婚懷孕生下一個女兒。在此不必敘述其背景，僅需從兒童的語句完成測驗內容，就發現其重複透露出對女兒的愧疚、思念，對於社會及前夫則是失望和無奈。以下列出一些重複出現或較為特殊之想法及特殊際遇的內容。

主題一：對女兒之思念、愧疚，對母親角色之期待

我喜歡看女兒笑的時候。

我最快樂的時候是能抱著女兒的時候。

最好能早點看到我的女兒。

使我生氣的是無法照顧自己的兒童。

將來的日子要好好跟女兒一起過。

我需要我的女兒。

我最棒的時候是開刀把兒童生下來的那一時間。

我想成為一個好母親。

主題二：對社會、男性或前夫持負向思考

人們是現實和自私的。

我恨社會的無情、人的自私。

和異性朋友約會沒那個必要男人都是有目地的。

使我引為遺憾<u>是兒童的爸爸</u>。

主題三：對父母仍有期待和渴望

當我年紀小的時候<u>我最喜歡跟媽媽在一起</u>。

我的父親<u>很辛苦</u>。

主題四：對自己則有些無奈和自悲

我遭受比同年級女孩還要多的事情<u>我要堅強</u>。

別的小孩<u>比我幸福</u>。

我沒有能傷心、哭泣、懦弱的權力。

我是個很<u>沒用的人</u>。

題幹建議：茲提出三十題的題幹供大家在實務運用上之參考。

姓名：　　　　　　性別：　　　　　年級：

　　請按照自己的意思，把下列語句填充成為完整的句子，每一句都要做，不要空下來。

1. 我喜歡
2. 我最快樂的時候是
3. 我想知道父母
4. 在家裡
5. 使我生氣的是
6. 我最大的弱點是
7. 我的母親
8. 我覺得
9. 我最大的恐懼是
10. 在小的時候
11. 我不能
12. 當我年紀小的時候
13. 別的小孩
14. 我的心情
15. 讀書
16. 將來的日子
17. 我需要

---

18. 我最棒的時候是
19. 有時
20. 使我痛苦的是
21. 我在學校裡
22. 我是個很
23. 我最討厭的莫過於
24. 我希望
25. 我的父親
26. 我偷偷地
27. 我的老師
28. 我最大的憂慮是
29. 活在世界上我覺得
30. 這個測驗，我覺得

第二節　看圖片編故事活動在診斷上之運用

　　說故事是人類最古老及最有力量的一種溝通方式（Gardner, 1993），也是成人與兒童產生關聯或進行溝通很自然的一種方法（蔡麗芳，1998）。放眼古今中外，人類喜歡利用故事來傳達一些重要的價值觀、道德或行為規範，雖然兒童未必能自故事中很快地產生意識性的頓悟，卻也未減兒童喜歡聽故事的興趣。由於兒童喜歡聽故事和說故事的天性，因此應用說故事技巧在兒童輔導的實務中，是晚近興起的一種治療取向。Gardner和Harper（1997）認為一個好的故事能夠在被說的時刻，產生足夠的假裝（make-believe）去滿足說者心理的需要，同時也把說者的經驗和生活認知相連結，反映說者是怎麼詮釋他的生活事件。

　　運用說故事技巧於兒童遊戲治療實務中，除可避免兒童的抗拒外，更可以透過故事敘說的過程，協助其以較客觀的方式重新經驗自己的困境，進而能更開放的、更有信心的面對各種問題。由此可知，兒童是有可能透過描述故事的過程，將其內在主觀的情緒、想法、價值觀表露出來，甚至

將壓抑、潛抑的事件投射出來。

　　但不是每位兒童都可以在沒有任何媒材物件的引導下，就可以朗朗的編出一則故事，尤其是對於有嚴重創傷或防衛的兒童，更不易自發的編一則有厚實內容的故事。若能提供具體的圖卡的引導，可能就比較容易引導兒童編出一則故事。治療師可以根據對兒童的了解，選擇適當的圖片作為引導，然後根據兒童描述的故事內容來分析與診斷。在兒童輔導實務及臨床上，也常運用圖片引導兒童描述故事，兒童主題統覺測驗（Children's Apperception Test, CAT）就是最具體的例子，它特別設計出10張擬人化的動物圖片作為測驗的素材，這10張圖片各隱含不同的生活情境，藉由兒童看圖說故事的方法（story-telling technique），希望從兒童故事內容中，探索出兒童的內心需求、情緒、動機和驅力。因為兒童主題統覺測驗是一個有版權的評量工具，也有專門的指導手冊及施測圖片，建議購買專書學習。

　　結構式遊戲治療之圖卡編故事活動，除了透過圖卡引導兒童把他內心的需求、情緒、動機和驅力表達出來之外，整個五階段過程還應用了情緒臉譜、能量圖卡和能量語句來協助兒童更豐富他的故事內容，進而讓兒童在講述過程有新的領悟、新的轉變。

一、圖卡編故事活動的準備

　　此處介紹的看圖片說故事活動，不像主題統覺測驗，有固定且標準的十組圖片作為標準化刺激，因此在實務運用上必須依據兒童的年齡、認知發展，作為選擇圖片內容及圖片張數的決定。亦即在要進行圖片說故事介入前，治療師大概要做好以下幾點準備：

　　1. 了解兒童的心智發展與口語表達能力：兒童的心智發展除了影響兒童口語表達的能力之外，也是治療師選擇圖片的重要考慮因素。通常兒童

的語言能力發展是在六到十四歲之間，也就是進入小學之後。因此學齡前兒童的語法、語意的表達及詞彙上的應用都會受到限制。但這不代表他們不能用圖片說故事，而是要注意他們的特色，例如他們的現實與想像常是同時存在的、常有一些慣用的語彙、某些語彙有其主觀的解釋。

2. 圖片內容及選擇：投射技術基本上是提供一些意義模糊不清的刺激讓受試者自由反應。在這種情形之下，受試者很容易就將其內在的情感、態度、需要、價值等投射到其反應中。因此意境充滿想像而能引發兒童投射的卡片，對於看圖片編故事的實施就相當重要。

3. 圖片數目的決定：建議以一張圖片為主，圖片內容簡單，主題明確。隨著年齡增加，圖片的內容也可以更抽象，更模糊。

4. 準備好情緒臉譜、能量圖卡和能量語句等媒材。因為整個圖卡編故事的活動會透過這些媒材，來引導兒童描述地更豐富，同時也能協助兒童接觸及表達出其內在的期待渴望，竟而能透過編故事過程促進兒童有所轉變。

5. 錄音或錄影設備的準備，因為若治療師沒能在兒童描述故事的過程錄音或錄影，那是很難整理及分析兒童的故事文本，且在整個編故事過程，會有很多的關鍵、隱喻、投射的內容，這些內容都非常具有治療的效果與價值，不僅在說故事當下可以充分運用，這些內容也經常是貫穿在整個遊戲治療的歷程，後續都還有很高的可能再碰觸到這些內容。又因為編故事的過程其實是快的，治療師在當下不見得都可以完全掌握到所有重要內容，因此，將整個編故事過程給予錄影錄音是相當必要的！

6. 謄寫出整個故事的文本，如此才能細膩地進行故事的分析。此時大家也可以發現圖卡編故事活動，除了可以讓治療師更了解孩子的內在需求、動機、期待及一些重要生命經驗之外，編出一篇豐富的故事就很有治療效果，若是後可以將兒童編的故事整理成文本，將此文本送給兒童以會是一個見證及具有後設效果的回顧。

二、看圖片說故事活動的實施方式及過程

編故事其實是一個需要很專注、投入，且是要在一個很自在、安全及開放的氛圍下進行的。多數人從小對於寫作文、演講、分享等活動，都是覺得困難及畏懼的，因為不曉得該怎麼寫該怎麼講？有鑑於此，結構式遊戲治療之圖卡編故事五階段活動，就應用了圖卡、情緒臉譜、能量圖卡和能量語句等圖卡媒材，使得本來是一個很困難的一個活動，相對變得比較簡單、比較容易完成。

看圖片說故事的施測原則，和一般心理測驗及主題統覺測驗的實施類似，首先要和兒童建立良好的關係，盡可能像玩遊戲一樣實施，讓小朋感覺道這不是一個有所謂好壞及評分的測驗。

看圖片說故事活動並沒有針對某一特殊類型兒童設計，因此其實施方式，應該像遊戲一樣地被呈現。治療師將所有圖卡陳列在桌面，讓兒童可以輕易的看到每張圖卡！治療師告訴小朋友，我們即將玩一個遊戲，在這個遊戲中，他必須說出和圖片有關的故事。在應用具有投射功能圖卡時，通常都是希望透過這些圖卡，引導孩子將他內心深處的渴望、期待、焦慮、擔心、衝突或壓抑的情緒、感受、想法，能夠透過圖卡表達出來。

基本上，結構式遊戲治療在運用圖卡編故事的過程，仍秉持著跟進行自由遊戲一樣地以一種接納、欣賞與鼓勵做決定的態度陪伴孩子，所不同的是會比較積極地運用一些技巧來邀請、引導兒童講得更豐富，因為兒童透過圖卡編出來的故事內容越豐富，更有助於我們對兒童的認識與了解，同時遊戲治療的效果會更好。兒童運用圖卡編故事的過程，在不同的階段可以有不同的引導技巧，接下來就來介紹結構式遊戲治療圖卡編故事的五階段架構。

(一) 邀請階段

對兒童講我們是玩一個遊戲，請你選一張圖卡，然後看到什麼？想到什麼？然後就編一個故事，我們一邊邀請一邊把圖卡放在孩子前面。第一個邀請階段沒什麼困難的。

(二) 促進階段

在此階段是以結構式遊戲治療機巧爲基礎，擴展出幾個專門針對圖卡編故事過程可以運用到的幾個技巧。

1.「你看到了什麼？」技巧

因爲有圖卡裡面有圖有人物，孩子可能一開始不知道怎麼開始講，或是講一小段就停在那邊，不曉得怎麼繼續講下去，此時，你就可以應用此技巧。

「嗯，好難編哦！沒關係，可以說說看，你看到了什麼？」

「你可以說說看你看到了什麼呀？」

這個說出「看到什麼」，相對就簡單多了。

2.「開個頭、留白拉長音」技巧

這個技巧要把握「慢」、「留白」、「拉長音」的原則，不要著急，因爲當我們一著急的時候，經常的就會希望孩子多講一點、趕快講。這都會影響、干擾到孩子，也會給孩子壓力。

「你覺得……。」

「你看到了三隻小熊，你看到獅子猴子，他們在……。」

3. 「摘要式的反應」＋「然後呢？」技巧

「摘要式的反應」＋「然後呢？」也是促進階段的一個重要技巧。

孩子描述故事，已經講了三至五句時，也是進行摘要反應的重要時機。讓孩子感受到我有聽到，我對你的故事也蠻有興趣的。

當孩子講到一個階段，或說已經講完了，這時候也鼓勵你要進行一個小小的摘要反應，再補上這一句「然後呢？」，多數孩子就又會繼續編下去。

「哦，有不開心的，傷心的事情，這都讓他想躲起來療傷，要一個安靜的地方，不想讓別人打擾，也不想讓別人知道。」

「然後呢？」

「哦，說他好孤獨，那……接下來呢？」

4. 「統整並反映故事的核心主題」＋「開個頭、留白拉長音」技巧

核心主題就是從故事內容的主題或與孩子轉介有關的議題。通常如死亡、受傷、攻擊、逃避、破壞、傷害、毀壞、離棄等主題，都值得我們針對此主題做個摘要後，進行「開個頭、留白拉長音」技巧，搭配充滿好奇的音調語調則更理想。

「小袋鼠被打是因為……。」

「小猴子不斷的被攻擊，被排擠，是因為……。」

就是透過「統整並反映故事的核心主題」＋「開個頭、留白拉長音」技巧，讓孩子再多講一些內容，這些內容在搭配後面階段情緒臉譜、能量圖卡、能量語句的運用時，就會產生很大的治療效果。

5. 關注與接納兒童

若孩子一開始編得很平淡、很貧乏，我們更要對孩子有高度的關注與接納，這才更有可能讓孩子更有動機動力編故事，因此要焦點在孩子身上，反應孩子當下的行為，他內在的感受、想法，尤其是意圖。

追蹤描述行為：「看你一直在看，很仔細的在找，很仔細的在想。」

情感反應：「好像有點緊張，不知道怎麼開始講。」

反映意圖，「在想哦，好像還不知道選哪一張，還沒決定要選哪一張。」

「好難，不知道怎麼開始編。」

「你很認真在想，抓抓頭，嗯……在想……我都有看到。」

促進決定：「好像在想可不可以選這張，這邊你自己都可以決定的。」

「在這裡怎麼編都可以的，你要怎麼講都可以的。」

「好像覺得編故事很難，沒關係。你就先看看，看到了什麼？你去把它講出來。」

「你看到一隻猴子跟一隻獅子，猴子在上面跳過來，跳過去，他好想要……。」此時就把開個頭，拉長音的技巧運用出來了。

由上可知，我們結構式遊戲治療的一些基本技巧還是經常要運用出來的！這才更能符合此技巧的重點：「我們要接觸孩子這個人」，尤其孩子越是編的不好，編不下去的時候，我們就要回到孩子這個人身上，而不是要求他趕快講，趕快編。回到他的狀態，我們去理解、了解接納他的狀態，這就是接觸到孩子這個人。

6. 小結

促進階段在整個圖卡編故事過程是相當重要地奠基礎工作，此階段的每個技巧，都可以引導孩子講故事之外，也都是在讓孩子感受到被了解、

被接納、被肯定與鼓勵，這都讓孩子更有動機與動力的繼續編故事，加上後面各階段不同圖卡的運用，都使得整個編故事更為流暢且深入到孩子的生活經驗、生命經驗。

(三) 豐富階段

促進階段要進入豐富階段之際，都鼓勵要先做一個摘要，在進行摘要的同時，也把情緒臉譜拿出來。然後詢問孩子伴隨著這個故事裡面的主角及重要的相關人物的情緒是什麼？選出來，然後引導他把這伴隨情緒的想法講出來。在這樣的過程還是有幾個點要注意。

1. 確定故事中的重要人物

如果這個圖卡裡面的故事不止一個的時候，試著從個案的問題行為，故事內容跟背景脈絡等，來判斷故事中的哪個人物可能就是個案的投射，哪個人可能是爸爸、媽媽或者是其他重要他人。那這些人物就要運用情緒臉譜來了解他們在此故事中的情緒。

2. 優先邀請分享投射兒童的故事人物之情緒

投射到兒童自身的那個人物的情緒一定要優先詢問其情緒，及伴隨著情緒的想法是什麼？其他故事中其他重要的人物的也要詢問，但三個就已經夠多，可能要花很多時間的。自己要把握跟掌握時間。

3. 運用「疏」的機制詢問

在詢問故事人物之情緒時，要把握「疏」的機制，亦即當我們知道獅子就是小明（個案）的投射時，我們在做摘要時仍是「原來小獅子很怕回家，因為獅子爸爸會處罰他⋯⋯。」而不是說「原來小明很怕回家，因為⋯⋯。」我們很多的圖卡都是以動物為主，就是因為這樣可以做到「疏」的機制。

4. 統整該人物的多種情緒

運用情緒臉譜邀請孩子講述故事人物的情緒時，通常都會址認出多種

的不同情緒，甚至是衝突矛盾的情緒，這都具有豐富故事及引導孩子接觸其內在的效果，因此，在聆聽孩子描述了某人物的多種情緒之後，建議要做一個該人物的情緒統整。

例如：「哦，這個是袋鼠媽媽，騎著腳踏車，前面載了袋鼠妹妹和姐姐……。」「嗯，袋鼠媽媽除了生氣之外，還有失望、擔心啊！」

5. 詢問伴隨著情緒的想法

豐富階段在孩子選出了情緒臉譜之後，最重要的就是孩子分享伴隨著這些情緒的想法是什麼？

(1) 一次問一種情緒所伴隨的想法即可。

(2) 若個案所選出來的情緒超過十種以上，則不必每種情緒都問。但優先詢問比較特別、比較不解的情緒所伴隨的想法。

(3) 如果你覺得故事內容已經跟孩子的議題接觸到了，可以試著與生活議題作連結。

「原來是袋鼠小孩吵著吃糖果，所以袋鼠媽媽生氣了。那平常袋鼠小孩做些什麼事情，也會讓袋鼠媽媽生氣呢？」

這就是運用情緒臉譜的豐富階段，過程中因為有情緒臉譜的運用，治療師只需要把握上述五個原則跟隨著孩子，就可以自然而然地跟隨，且很有架構地引導孩子分享內心深處及重要的生活經驗、生命經驗，不需要想著要問什麼問題？

(四) 轉折階段

前面兩個階段都讓說故事者表達、接觸到其重要的議題，或是他的重要生活經驗、生命經驗，也透過情緒臉譜充分地表達故事人物的多種情緒及其伴隨的想法。此時，就是進入轉折的契機了。我常說當一個人內心

負面的情緒、感想、想法充分表達之後，內在就有了空間可以接納新的感受、想法，而能量圖卡又能有效地引出說故事者說出內在的渴望或期待，因此，此時能量圖卡的運用，就很能夠產生轉折的效果。這時候你可以創造一個小天使，一個長老、一個智者或聖誕老公公等，這些人就是要來送禮物、送寶物、送禮品給故事中的主角及故事中的其他重要人物。

1. 能量圖卡要用選的而非抽的

「小天使會選哪張能量圖卡給袋鼠姐姐呢？」（袋鼠姐姐就是孩子的投射）

「小天使又要選給袋鼠媽媽什麼呢？」

透過孩子選出來的圖卡及說明為何要選這張能量圖卡的過程，我們可以更了解孩子自己內在的期待或渴望是什麼？以及對其他重要人物的期待及渴望又是什麼？或更了解他怎麼去看待象徵這些故事人物的人，如爸爸、媽媽、手足⋯⋯。邀請說故事者選能量圖卡的方式，會比用抽能量圖卡的方式更容易達到此效果。

2. 運用能量圖卡的方式讓孩子更沒有防衛，更可以自在的去選

在運用能量圖卡時，要送什麼給袋鼠姐姐呢？看著「100分考卷，大拇哥，變身水，任意門⋯⋯」的能量圖卡過程，其實都是在跟內在的期待、渴望接觸，這是很具療效的一個過程。孩子透過編故事及選能量圖卡過程，深刻地接觸到內在的渴望及期待。孩子不會防衛也不需要防衛，而且過程就像是遊戲，可以自在的選與表達，這都是讓整個圖卡編故事活動達到效果的重要元素。

3. 邀請的引導語要有正確指向

在邀請說故事者選能量圖卡時，經常會掉入一個迷思與錯誤，就是

「小天使送給袋鼠姐姐什麼，他就會很開心了？」這個迷思就是在「開心」轉折階段是要說故事者說出故事人物的渴望、期待。開心不等同於渴望與期待，渴望、期待往往比開心還更豐富與複雜！若僅侷限在「開心」會使得轉折的效果受到影響。建議在邀請孩子選能量圖卡的指導語可以有下述幾種。

(1) 開放式的邀請

就是很開放的邀請指導語。「你覺得小天使會想送給袋鼠姐姐什麼？」或「如果可以，袋鼠姐姐會希望小天使送他什麼禮物？」

(2) 針對議題的內容或不同的指向

以手足競爭為例，手足常因為某個事件而生氣、吵架，甚至相互攻擊破壞等等，此時，就可以針對手足競爭議題或新的方向來邀請。

「如果小天使送什麼給袋鼠姐姐，姐姐就不會那麼生氣的想打弟弟？」或「如果有了什麼？袋鼠姐姐就不會再跟袋鼠弟弟吵架、打架了！」又例如「小天使送什麼給小猴子，他就可以勇敢的不再怕獅子？」

以上這些邀請指導語就更可能引導出豐富地轉折內容及效果，讓說故事的人有新的視野、新的想法、新的轉變。而不是不管議題為何，都只聚焦在開心或高興。

(3) 針對該人物的核心情緒指向

在前一階段了解到故事中主角或主要人物的多種情緒，我們就可以根據該人物有的核心情緒，如不公平、委屈、自責等來做引導，當然你的邀請指導語就是「小天使送什麼給姐姐，姐姐就比較不會覺得不公平（委屈或自責）呢？」。這樣精準地針對孩子的核心情緒，產生的效果就會更大，這就是轉折階段。讓說故事的人換一個角度，從不同的視野來看這個

世界，就可以讓說故事的人會有所領悟。最後就做一個結束，準備做一個結束摘要。

(五) 結束階段

歷經前述幾個段之後，接下來就要進入結束階段，這個階段的主要工作就是回顧整個編故事的過程及內容摘要，以及治療師送說故事者一句話，及說故事者在講完這樣的一個故事之後，也送自己一句話作結束。

1. 回顧編故事過程

類似結構式遊戲治療的歷程回顧，回顧的內容就是焦點在從選擇圖卡之初的狀態，隨著進入不同階段整個人狀態的轉變過程。

「剛開始要編故事的時候，你有點緊張也覺得好像很難編，一直說不知道怎麼講？」

「後來你就先分享看到的三隻小熊，然後就開始邊出故事來了，尤其運用情緒臉譜的時候，你講出小熊好多的情緒，你也越講越順，越講越豐富，然後就一直編完故事了！」

2. 摘要故事內容

摘要故事的內容其實也挺重要的，很具有畫龍點睛的效果。摘要內容的幾個重點說明如下。

(1) 摘要故事主要人物的核心情緒。

核心情緒通不是平日看到那些外顯的情緒反應，是內在比較深層且問題根源的情緒，核心情緒的覺察、表達是很具治療效果的。因此，摘要過程值得再把故事主要人物的核心情緒摘要出來。

「故事中的小熊雖然會生氣的打人，但其實他內心是覺得委屈與不公

平的……。」

(2) 摘要故事轉折的主要内容

一個人在充分講完一個故事之後，内在又有更大的空間了，此時再次將其内在渴望、期待或故事轉折的内容摘要出來，當然就能產生畫龍點睛的加成效果。

「你選一隻小狗的意思就是希望有人陪你，如果媽媽多陪你一下，你就不會那麼討厭弟弟了！也就是說其實你不是真的那麼討厭弟弟的！」

3. 故事命名及送說故事者一句話做結束

在進行回顧或摘要之後。整個編故事活動就進入一個結束的儀式活動。治療師拿出能量語句，從中選擇一張來送給說故事者或故事主角（投射說故事者的故事人物），同時也邀請說故事者選一張送給故事主角或自己一句話。

「最後，老師要邀請你為你邊的這個故事取一個名字！」

「喔！你的故事名字叫『哭哭熊長大了！』。」

「同時，老師在聽了你編的故事之後，很想送給小熊及你一句話，你也為自己選一張。」（邊講邊把能量語句放在說故事者前面）

「老師要送給小熊的是『原諒可以得當内心的平靜！』，送你的一句話則是『雖然我曾做錯過事，但我仍值得被愛』，來把你要送給小熊的一句話念出來。」

三、整理故事文本與分析

將兒童的背景資料、轉介問題和故事文本做一統整。其中故事文本就是將上述不同階段的故事內容，統整各階段的內容成一篇故事文本即可。以下就以一篇實際的故事文本來說明如何進行文本的分析。

小智是一個10歲的四年級男生，案父母40歲左右，小智家庭是一個重組家庭，生父基本不會探望小智，小智也不喜歡親生案父，繼父與小智間的互動很少，基本上是不會陪伴小智，母親雖然關心小智，但又必須忙於工作。

據案母描述小智衛生習慣不太好，喜歡摳鼻屎，鼻涕、飯漬經常弄得衣服很髒，所以同學們排斥小智，不願意跟他玩，小智體育課也經常一個人發呆，不願意參加班級的活動，案母覺得小智在學校很孤單，不愉快。

小智很在意周圍人臉上是否充滿笑意，可是老師們都很嚴肅，看上去心情很不好的樣子，案母平時也總是鬱鬱寡歡，這些都讓小智心情很不好，每天在學校都很不開心。

治療師請其畫了一張「雨中的人」之後，運用了前述圖卡編故事技巧，引導兒童邊出了一個故事，將其故事文本整理如下：

在雨中，一個戴著帽子的稻草人正在保護莊稼，稻草人已經在這裡呆了五年了，沒有其他的夥伴，只有它自己，雨中保護莊稼的稻草人感覺到很孤單、無助、疲倦、沮喪和難過，也有不公平，它不明白為什麼別人可以玩，別人可以睡覺，而自己卻只能守著這片莊稼地，所以它很不想幹了。

稻草人的爸爸、媽媽就在莊稼地旁邊的小房子裡，爸爸、媽媽在睡覺，稻草人多想讓爸爸、媽媽來幫幫它，可是它沒有嘴巴，不能說話，如果它可以說話該多好，就會告訴爸爸、媽媽我需要你們的幫忙，不幸的是爸爸、媽媽以為它已經死了，繼續在睡覺。

　　稻草人希望有魔毯來幫它把鳥趕走，希望有太陽讓它覺得沒有那麼累，希望有堡壘保護莊稼地，自己就可以休息了，希望有弓箭把鳥射死，也希望能夠看到爸爸、媽媽給他豎起大拇指，這樣會讓它感覺到自己很厲害，做得很棒。如果有這些的幫助稻草人會覺得很驚訝，也很得意，會很安心、開心，更會感謝，這會讓稻草人的心情好一些。

　　將個案的故事整理成文本之後，接下來的一個重要工作就是針對文本進行分析，此時若對個案的背景及其議題有所了解，都會有助於我們文本的分析。以下介紹文本分析的幾個步驟！

(一) 文本整理

　　1. 建構分析架構，並依此架構設計成一個表格。基本的架構就是角色、行為、認知想法、互動、感受、期待渴望、外在資源。每個兒童所編故事內容不同，所以此架構的向度也可能會有所增減！不過就是有一個架構可以協助我們將文本內容作個釐清，有助於文本的分析診斷！

　　(1) 角色：就是圖片中的人物，例如稻草人。

　　(2) 行為：可以反映出上述故事中的人物之外顯行為。

　　(3) 互動：可以反映出上述故事中兩個人物間的互動樣態。

　　(4) 感受：可以反映出上述故事人物中的心情、情緒或感受。

　　(5) 外在資源：可以反映出故事人物家庭以外的優勢資源。

　　2. 請試著將上述文本的內容中，能夠反映下面幾個向度內涵的**文本內文**，直接抄錄到各欄位中。**可以同一段文本內文重複放在不同欄位中（如下表）**。亦即屬於該向度內涵的文本內容依序填入該向度就對了！

(二) 分析

　　1. 依據前述各欄位元的文本內文，治療師可以根據個案的背景資料及問題行為做一詮釋及說明，亦即在進行為前兩個步驟之後，治療師根據

每個向度中的文本內容，結合個案的背景資料及問題行為，就可以進一步地做詮釋或說明，其實這就是在進行分析診斷的工作。可以有三個向度思考。

(1)內在核心需求：從前述文本中的行為、感受、互動和外在資源等內容，可以感受到個案本身其內在深處可能有哪些的意圖、期待或需求。

(2)內在核心衝突：從前述文本中的行為、感受、互動和外在資源等內容，可以感受到個案本身其內在可能有的衝突、矛盾或焦慮。

(3)怎樣形容這個個案及其他角色。

統整前述的分析過程，就可以根據故事文本整理出如下表這樣的內容，並進一步做出此故事文本的分析診斷。

圖卡編故事文本分析表

角色	稻草人	爸爸、媽媽
行為	五年了，稻草人自己在雨中，保護莊稼地，不能玩只能守著這片莊稼地，它不想幹了	在房子裡睡覺。
互動	爸爸、媽媽以為稻草人死了，下雨了也沒有去幫它保護莊稼；稻草人因為沒有嘴巴也沒有告訴爸爸、媽媽想讓它們來幫他。	
感受	孤單、難過、沮喪、平靜、不公平、疲憊、無助。	知道稻草人守了五年莊稼地，也不來幫它，爸媽覺得它死了，似乎爸媽很平靜也很麻木。
期待、渴望外在資源（優勢）	期待爸媽給它一個大拇指，會讓它覺得自己很厲害，希望有魔毯可以把鳥趕走，它就不用守了；有堡壘保護莊稼地，就不用稻草人保護了；用弓箭把鳥射死；希望有太陽出來就不用在雨中那麼辛苦了。	

(三) 分析

1.內在核心議題（需求）：案父母離婚，案父對小智也是置之不理，

好像是不存在一般，案繼父也過於嚴厲，不能給予小智更多的安撫，這些都讓小智感覺不到與家人的連結，感覺不到家庭的溫暖和愛撫，內在極其缺乏安全感，也得不到任何家人的支持。小智內心非常的孤單、寂寞，對親密需求強烈的渴望。

2.內在核心衝突：小智從小感受不到來自任何家人的溫暖，案父的不理不睬，繼父嚴肅，都讓小智感覺自己像不存在一樣，就像畫中的這個稻草人，好像家人都覺得「稻草人像死了一樣」，可小智內心多麼希望能夠得到父母的關注和肯定，然而父母的冷漠讓小智默默的習慣化了父母的態度，內心的需求無處表達。稻草人沒有嘴巴似乎像象徵「不知如何表達」或「說了也沒有用」或已死了這條心「不想說了、不說了」。但實際上內心還是很渴望父母的關心、關愛的。

3.怎樣形容這個個案：小智從父母那裡得不到理解和肯定，所以經常大哭，很疲憊、無助、孤單、傷心、難過，卻無處表達，一路走來經歷像極了這個稻草人是那麼的不容易。

第三節　動物家庭的投射

動物玩偶是兒童在遊戲過程中常玩的玩具，動物玩偶也是容易購得的玩具，因此，在遊戲室或個人準備的遊戲袋中，幾乎都會有很多的動物玩偶。本節將介紹如何運用動物玩偶，來引導兒童投射其有關家人間的權力、溝通和關係等狀態。

一、運用動物家庭投射的理念

運用動物玩偶引導兒童投射其家庭動力的理念有以下幾點：

1.動物玩偶具有前述從親近（owning）到疏離（alienation）的機制（第三章第一節）。意即兒童擺設的是「動物」家庭，不是我的家庭。因

此兒童在描述過程就比較沒有壓力，可以降低兒童的防衛與焦慮，同時也增加過程的趣味性。

2.動物本身具有很高的象徵性，例如獅子代表者兇猛、萬獸之王、權力的象徵，綿羊則是溫柔、順服的象徵。因此，當兒童選定某種動物代表著某個人時，就已經表達了兒童對此人的觀感。

3.動物玩偶的大小，也象徵了權力的不同：權力對兒童是一個抽象的概念，他們可能無法回答出家中誰最有權力的問題，但他們很清楚知道誰是家裡的「老大」？誰最具影響力？例如有些家庭表面上父親是老大，但實際上是母親在作主，這樣的家庭動力，可以透過兒童選擇動物造型的大小及兒童的描述過程來了解。

例如常看到兒童將大獅子比喻是父親，小獅子是兒子，此時的大小獅子就是一種體型上的差異。但若有一隻更大的獅子比喻爲爺爺或媽媽，此時的大小象徵可能就是權力的象徵。在實務上也曾遇到兒童以一隻大狗來象徵爸爸，因爲爸爸雖然是家裡的老大（體型最大），可是他整天忙著賺錢養活家人，累的像條狗一樣。這樣的描述內容是很具參考價值的。

4.動物間的位置及面向，顯示出彼此間的親疏關係。在家庭動力畫中的人物的面向、彼此間是否有障礙物及距離都具有診斷性的指標，同樣地，兒童擺設的動物家庭中，各動物間彼此的位置、距離及面向，都反映出這個家庭成員間的動力關係。而且以具體的動物玩偶擺設，對兒童而言是比畫圖的方式更容易且省時間。

5.動物間的相似性及動物本身的特性，可以投射兒童對家人的觀感：動物玩偶本身就帶著動物本身所賦予的象徵意義，是以何種動物來比喻家人，就是一種對家人的投射，就好比第三點所提到的獅子、狗都有其象徵。但在運用此特點時，治療師必須引導兒童去闡釋他的主觀意義，例如前述的狗是指爸爸工作的辛苦，對另一位兒童可能就是忠誠的象徵。另外

一點值得觀察的地方就是，兒童若將某些家人用同一種動物來象徵，其他的家人則用另一種動物象徵，則似乎是反映出家人間的結盟關係。

二、「動物家庭」活動的實務運用

動物家庭是利用各種不同大小的動物玩偶，請兒童以這些動物來代表家中的每個人。治療師可以從動物彼此間的位置、大小、面向和類別等向度來了解兒童。利用動物家庭的擺設過程，基本上和家庭動力畫的執行，有很多地方是相通的。有時候一個角色也可以同時以兩個以上的動物玩偶來象徵。以下介紹在實務運用時的方式。

(一) 治療師盡量蒐集各種不同的動物模型

除了動物玩偶之外，其他各種如樹木、小山丘、石頭等自然景觀之物件亦有需要，建議動物玩偶至少三十種是比較恰當的，且同一種動物玩偶最好有大、中、小三種造型，再則就是要盡量包括代表不同個性的動物種類。

多樣豐富的動物玩偶

　　(二) 將動物模型呈現在兒童面前，或全部擺設在一個櫥櫃中，然後請兒童利用這些動物來代表家中的每個人，然後加以擺設。動物間的大小、方向、位置都可以由兒童自己決定。

　　「小明，現在我要請你用這些動物玩偶和其他物件，來擺設一個動物家庭，你可以根據每個人的個性、脾氣選定不同的動物，根據牠們彼此的關係來決定位置和距離。」

　　(三) 待兒童擺設完畢之後，可以請兒童介紹說明，治療師可以適時引導或詢問。在兒童擺設過程可以在不干擾兒童創作的前提下，適度的做反應。

　　「小明好認真的在思考要用選哪些動物。」
　　「我看到你選了一隻長頸鹿。」
　　「你將那隻獅子放到最遠的地方。」

　　(四) 若兒童的困擾是和家人有關、家人間的關係是很衝突或家暴兒童時，建議治療師可以再請兒童再利用其他的物件（不限動物），來象徵每個動物間的關係，例如「一把刀子」可能是象徵某兩個人間的嚴重衝突關係，「一顆糖果」是甜蜜、親密的關係。
　　(五) 在擺設完動物家庭之後，要邀請兒童描述其所擺設的動物家庭。在請兒童描述前，治療師先將兒童的作品做一具體的描述，這樣的過程是在表達治療師對其作品的接納及有興趣。

　　「小明，我看到你擺了獅子、老虎、小白兔，另外還有一隻獅子是在

外面……，現在請你介紹一下你擺的動物家庭。」

在兒童描述時，治療師其實只要簡單回覆兒童的描述。

「喔！外面的獅子是爸爸，牠在外面守護著這個家。」

治療師根據兒童擺設的動物家庭，及兒童的描述內容，其實就可以得到許多豐富的訊息。

(六) 治療師可以類似「看圖片編故事活動」內容中的介紹，提出一些問題引導兒童做更豐富的描述，但記得要跟隨著兒童的步調，千萬不可像記者訪問般的一個問題接著一個問題，在兒童回應的過程中要有適切的同理、簡單回應兒童的描述。又因為動物家庭活動擺設出一個立體的全家人樣態，故除了應用圖卡編故事活動的引導技巧之外，更要把握動物家庭活動的特色，聚焦蒐集有關動物家庭家人間的互動型態、兒童對這些人的主觀形容及期待。

1. 家人互動問題

「小明，動物家庭的動物們都有牠們的特質，你說說看小白兔（動物家庭中象徵個案的動物）最喜歡牠們的什麼？又最害怕或討厭牠們的什麼？」

「小明，你可不可以說說看誰跟誰最親密，誰又最怕誰？誰最喜歡誰？」

「小明，牠們全家人最常做的事情是什麼？」

2. 對動物家庭中每個角色的形容

「小明，你描述一下這個獅子爸爸的個性、脾氣……。」

「當小白兔做錯事時，獅子爸爸會怎樣？」

3. 對動物家庭中每個角色的期待

「如果可以，你會希望這個家庭有些什麼不一樣？」

「如果可以，你希望獅子爸爸能有什麼改變？」

4. 其他跟隨兒童描述內容的詢問

「你覺得爸爸獅子在外面保護著家的心情是什麼？」

「是不是這樣爸爸獅子都沒辦法陪小獅子玩了？」

「小白兔是這個家庭的妹妹，小白兔和獅子是很不一樣的，你可不可以講講你選小白兔當妹妹的原因？」

(六) 為了提升兒童的希望感，創造一些正向的、未來導向的目標，有時在整個活動結束時，可以增加一個「送給動物家庭的三個禮物」活動。而這個禮物可以是具體的（如糖果、金錢、汽車……），也可以是抽象的（快樂的、沒有暴力的……）。

此活動是在前述的活動之後再進行的。給禮物的方式也可以有以下幾種：

1. 兒童給這個家庭一個禮物。

2. 兒童給每一個動物一個禮物。

3. 兒童給這家庭及每個動物一個禮物。

4. 這個動物家庭的成員間彼此互相送給對方一個禮物。

在送完禮物之後，請兒童說明送這樣禮物的原因，最後可以讓兒童與動物們相互感謝、握手、擁抱等正向的、撫育的活動作結束。

(七) 由於動物家庭擺設活動是一個很具體且很視覺化的，筆者很建議可以邀請兒童透過移動動物家庭的動物們的位置，或增加或減少動物家庭的動物，亦即將原本擺設完成的動物家庭做一個動態的變化。試想當動物家庭的動物位置有所調整，拿掉其中的一個或幾個動物，又或增加原本沒有的動物進去，整個家庭動力都起了很大的變化，這樣一個由兒童親自動手給予轉變的過程，又親眼目睹及感受到整個家庭動力的變化，這是可以產生很大心理力量及治療效果的！

筆者就曾經看到目睹家暴兒童在此階段，決定把那個會暴力家人的動物爸爸（獅子）移到遠遠的地方，有的兒童就將這個暴力的爸爸動物拿掉，不讓牠在這個動物家庭中。當兒童親手做了這樣的改變之後，他們感受到自己是有能量的，他們整個內在感受有了很大變化及領悟，進而帶出他們內在一些正向的改變，這是非常具有治療效果的。

(八) 最後，治療師將整個過程作一簡單的摘要，請兒童為此家庭取一個名字，然後進行拍照，就可以結束此活動。

三、「動物家庭」活動在診斷上的運用

動物家庭活動比看圖片編故事活動更聚焦於家庭的議題，且兒童將家人擺設出來後，就等於做了很多具體的敘說。例如這張圖片就是一個兒童的擺設，只要知道各個動物所代表的家人及兒童對牠們的形容與描述，治療師大概就可以得到豐富的訊息。

兒童動物家庭作品

　　因為前述看圖片編故事活動已有許多介紹，都是動物家庭活動可以參酌，在此僅將活動過程歸納如下表。

動物家庭分析彙整表

稱謂	動物	形容	最喜歡牠的	最討厭牠的	期待	害怕
爺爺	大象（大）	不管事的				
奶奶	大象（小）	煩		碎碎念		
父親	馬	兇猛的		打人、抽煙	不生氣、不打人	看到他就傻住了
母親	綿羊	很煩的		念念念	不要再念了	念個不停
姊姊	牧羊犬（最左邊）	聰明	教我功課		多陪我寫功課	不理我
自己	小土狗（綿羊前）	糟糕的		不寫功課	乖一點	
三妹	小肥狗（大象前）	討厭的		打小報告	管好自己就好	打小報告

稱謂	動物	形容	最喜歡牠的	最討厭牠的	期待	害怕
麼妹	黃金獵犬（綿羊背上）	可愛的	天真		天天陪我玩	

家庭常見衝突議題：
1. 每次只要這幾隻小狗的功課表現不好，馬爸爸和綿羊媽媽就會大吵，甚至有一次馬爸爸還將綿羊媽媽踢傷，結果綿羊媽媽跑去牠姊姊家躲起來。
2. 小肥狗（三妹）和小土狗（自己）最常吵架了，因為小肥狗一天到晚就是打小土狗的小報告，最討厭了，所以牠們常吵架。
3. 小土狗最喜歡和黃金獵犬遊戲了，每次爸媽沒時間照顧黃金獵犬的時候，小土狗都會主動去照顧，黃金獵犬也最喜歡和小土狗玩。

互動關係（距離、面向）
1. 明顯的整個家庭分成左右兩個區域，左邊是爸爸、媽媽為主的一個區域，右邊則是爺爺、奶奶為主的一個區域，這可能是因為三代同住，代間生活空間、作息等差異造成，
2. 家中的三妹是在爺爺、奶奶那一個區域，有可能是三妹就是和爺爺、奶奶住在一起，或和爺爺、奶奶比較親密，但也可能是筆者討厭三妹，故意將三妹區隔（或說排擠）到左邊。

　　治療師可以在透過上述表格統整後，再次的對照兒童實際的擺設及描述的內容，相互的呼應及應證，是可以對兒童有更多的了解，或是會有更多的議題可以繼續深入了解。例如本例子中的四個小孩都是女生，也都以狗來象徵；爺爺、奶奶都以大象來象徵，但是爸爸、媽媽則分別是馬和綿羊。其實在擺設的動物玩偶中的馬或羊都不只一隻，為何不讓爸媽是同樣的動物？以及前述小肥狗為什麼被擺在另一區域？又兒童描述家庭常見的衝突是父母親的衝突，且父親有家暴現象，這些衝突最後都是怎樣解決的？這些都是在擺設動物家庭活動過程中，可以進一步去探討與了解的？

　　總之，動物家庭投射活動是可以蒐集很多有關兒童家庭的資料，相信只要常練習就會越來越有心得與體會。最後要澄清以下幾個觀念：

　　1.每位治療師可以因兒童的背景、行為、年齡而有不同的引導問題，因此表格的標題當然也就會有所不同，就如同本章看圖片編故事及動物家

庭擺設兩活動，所設計的兩個表格內容也不完全相同。

　　2. 並不是要將表格所有的格子都填寫完成，亦即某些細格沒有得到資料也無所謂，因這是一個協助治療師分析資料用的表格，它並不是一個調查表。

　　3. 兒童對於擺設出來的動物名稱講錯了也無所謂，例如上述的黃金獵犬、小土狗等可能都不是正確的名稱。

第七章

第二段落之有意圖的策略遊戲

　　在要介紹本章有意圖的策略遊戲之前，要先說明策略遊戲在運用上的幾個原則。

　　1. 進行所謂策略遊戲之前，一定是對兒童有充分的了解，明白他的問題行為脈絡或議題的內在心理需求為何之後，再選擇適當的策略遊戲。亦即策略遊戲的運用，是在治療師正確概念化兒童之後的一個選項。

　　2. 遊戲本身有其特性，如疊疊樂遊戲的規則性、展現能力及掌控性的特性明顯，「我的心情活動」接觸情緒、表達情緒、情感連結的特性明顯；塗鴉活動則是宣洩、放鬆、自由自在的特性明顯。由此可知，的確是會有某些遊戲特別適合運用在某類的兒童身上，但並不是某個遊戲只適合某一類的兒童，同一個遊戲可以適用在不同類型的兒童身上，重要的是治療師如何應用遊戲本身的特性，來調整運用在不同類型的兒童身上。例如塗鴉活動是一個具有宣洩、放鬆和自由自在特性，很適合用在拘謹的王妃公主型或退縮焦慮的含羞草型兒童身上，但其實也可以應用在孫悟空型的兒童，因為孫悟空型的兒童常被斥責而有滿滿的情緒。但透過塗鴉活動來引導孫悟空型的兒童紓解、宣洩他的情緒過程，跟應用在王妃公主型或含羞草型兒童的過程是會很不一樣的。治療師要清楚孩子的特性以及為何運用此遊戲在某類型的兒童，這才能夠讓策略遊戲產生治療效果。這也是為什麼所有策略遊戲的運用，都要建立在治療師對兒童有正確的概念化之基礎上。

　　3. 在結構式遊戲治療的過程中，策略遊戲的應用通常是在治療師概念

化兒童之後，覺得孩子的議題或困擾是可以透過某個（些）策略遊戲來讓兒童接觸到他的議題，或滿足他的心理需求進而能夠產生治療上的轉變，這就是運用策略遊戲的最佳時機。

　　例如一個王妃公主型的兒童整個遊戲治療過程中一直都很拘謹，雖然略有進步但還是處在很拘謹的狀態，所以，治療師在與兒童關係建立的不錯之後，就邀請兒童進行塗鴉的遊戲、玩沙的遊戲或者是當他在自由遊戲過程中，創作擺設了一個積木的作品之後，治療師會邀請他一起來把這個作品推倒。以上這些就都是策略遊戲的介入，是可以讓王妃公主型的兒童更放鬆及感受到自主自由。這樣的介入過程仍是跟隨著孩子的步調，以及在治療關係夠好的前提下，治療師邀請孩子來進行這樣的活動，因為這樣的邀請活動是治療師有意圖的邀請，故稱之為策略遊戲。

　　4. 策略遊戲在實際的應用過程中，要把握了解、邀請和接納態度來進行，就是在治療師對兒童概念化有了了解之後，治療師秉持著接納的態度來邀請兒童進行策略遊戲，那就是要做到兩點。第一點做到事先的告知今天的遊戲單元會進行一個策略遊戲，第二點就是既然是邀請，那兒童是可以拒絕的。亦即當治療師邀請兒童進行策略遊戲時，若孩子抗拒不至拒絕，治療師反應他內在可能有的情緒感受想法之後，可以再邀請第二次，但若孩子仍然抗拒或不願意，那治療師就要尊重孩子的選擇跟決定。

　　以上這樣才是做到了解、邀請與接納。通常在我們跟兒童關係建立的不錯，對兒童也有足夠的了解之際，兒童感受到在這邊是有足夠的安全感與被接納之際，通常孩子是會接受治療師的邀請的，若孩子在這樣的氛圍之下，仍然堅決的拒絕這樣的一個邀請，這也都有很大的可能是他內在複雜的情緒、經驗的投射，此時即使沒有進行策略遊戲，透過治療師適切的反應也經常是很有治療效果的。例如邀請孩子擺設動物家庭時，兒童拒絕或就是很敷衍的隨意拿出幾個動物玩偶放在桌上，然後就說沒有了。此時

治療師接納兒童的抗或拒絕，然後反應：

「嗯！不想擺動物家庭。因為你不喜歡提到跟家人有關的事情，即使是擺動物家庭，你也不要。」

「在這邊你可以自己選擇，自己決定的。」

「來！小熊你陪陪小明。」（此時治療師將布偶客體靠過去）

上述這樣的過程其實是很有治療效果的，雖然兒童沒有進行擺設動物家庭的活動。

5.治療師若覺得兒童的自由遊戲對孩子就已經有很大的幫助，那是可以不必運用任何策略遊戲介入的。因為也有很多兒童在自由遊戲中就接觸到其個人的議題，也透過遊戲做了充分表達或滿足其心理需求，亦或在自由遊戲過程中感受到治療師的接納了解肯定，使其過緊或過鬆的行為自發地做了調整。這都會看到兒童的轉變與進步，此時就不必刻意的在遊戲單元中撥出時間進行策略遊戲。

在了解結構式遊戲治療之策略遊戲的運用原則之後，接下來介紹結構式遊戲治療之概念化兒童。

第一節　結構式遊戲治療之概念化個案分析架構

遊戲治療的過程是一個持續分析、診斷的過程，治療師要能整合兒童的基本資料、問題行為概述、背景資料和遊戲治療介入過程等資料，然後要能形成概念化，並據以提出分析診斷。概念化過程中有可能會因為一些新的資料或發現而做出新的分析診斷，但期待都能在前四次的遊戲單元中，就能確認個案的分析診斷。亦即，治療師要在第四次遊戲單元之前，

就已經能很正確的了解孩子的問題行為脈絡、導致其困擾議題的原因或其心理需求為何。

　　要能有效且逐步精進自身概念化的能力就是要有一個核心的理論、理念為基礎、為架構，本書就以結構式遊戲治療的理念為基礎，並從「緊與鬆」和「自主與親密」兩向度，建構出一個概念化兒童的架構，以此架構將兒童分成「王妃公主型」、「孫悟空型」、「孤雛淚型」和「含羞草型」等四類兒童，其中每個類型又各細分出兩種亞型。

　　依附關係、客體關係理論是結構式遊戲治療的重要理念基礎，因此除了以上述架構來概念化兒童之外，也特別會關注親子間的關係、依附的品質與狀態。又因兒童正處在一個身心持續發展的過程，其在發展過程之是否有特殊際遇，如被虐待、目睹家暴、重大意外傷害等創傷事件，或其本身有一些特殊的臨床症狀等，都是概念化兒童過程分析及蒐集資料的重要依據。

　　綜上，概念化兒童的過程，就是根據蒐集個案的基本資料、背景資料、各種測驗結果的內容等資料。然後從(1)「緊與鬆」和「自主與親密」所建構出來的架構作為分析的重要依據。(2)從依附理論、客體關係理論來了解親子間的依附關係與樣態，及其教養方式對個案問題行為的可能影響。(3)也確認個案是否有遭遇過一些特殊際遇，導致兒童內在心靈有創傷。(4)兒童本身是否具有臨床的特殊診斷，等四點來進行分析與診斷。

一、四象限分析架構及四大類型個案

　　結構式遊戲治療師在概念化兒童的過程，會運用一個四象限的架構來進行評估。這個四象限評估架構是由一橫軸、一縱軸與中心圓圈所構成，橫軸表示外顯行為向度，分為鬆與緊兩種狀態，「鬆」與「緊」源自於治

療師對兒童外顯情緒、認知與行爲的觀察。外顯行爲被歸類爲「鬆」的兒童表示其在行爲、感覺與想法上有較多衝動性的表達，較少體會他人的感受，較易出現散漫、不守規矩、忘東忘西、調皮捉弄他人等情形。而外顯行爲被歸類爲「緊」的兒童，顯示其在行爲、想法與感受上較容易表現出拘謹的特質，較容易感到緊張、退縮、害怕、擔心、難以表達自己的感受與想法（陳信昭、陳碧玲譯，2000；鄭如安，2008）。

縱軸表示外顯行爲背後的需求向度，分爲「自主」與「親密」兩種心理需求。自主需求明顯的孩子表示其在過去家庭中，可能過度擁有或缺乏自主與選擇權，導致兒童出現不遵守規範或過度拘謹的表現，而親密需求明顯的孩子則是在過去缺乏被肯定、陪伴與照顧的經驗，因此會期待有人給予注意與肯定，導致兒童會出現刻意引起注意、關愛的行爲或過度依賴的傾向（陳信昭、陳碧玲譯，2000）。結構式遊戲治療就是根據蒐集來的資料，以此架構來進行分析診斷，當可以明確理解個案的問題行爲的樣態，同時又能確定個案的問題行爲是要滿足親密需求或自主需求時，就能確認兒童是屬於哪種類型的個案。

實際分析過程會遇到外在看似「鬆」，其實內在是很「緊」的樣態，例如不上學、上課寫作業都不專心、不寫功課等行爲看似「鬆」，卻發現某些個案內在卻是有很大壓力或焦慮的，個案其實是處在一種「緊」的狀態。另外，個案到底是在渴望親密或自主心理需求呢？也是很容易讓人霧裡看花搞不清楚！例如一個手足競爭嚴重的個案，表現出抗拒、不聽話、什麼都要依他意見才可以的樣態，此個案的表現好像他很需要很多的「自主」，當從各項資料抽絲剝繭地了解整個脈絡之後，卻發現此個案其實是非常渴望「親密」心理需求，但因爲他一直挫敗於沒能從父母處得到關注關愛，於是就轉爲表現出「什麼都要依他意見才可以的」自主樣態。以上這樣的樣態說明，在概念化過程不能僅看表面的問題行爲，而是要在兒童

的問題脈絡中看其問題行為。總之，結構式遊戲治療提出這個四象限兒童分析架構，讓治療師可以有個依據與架構，再根據蒐集到有關個案各向度的資料，讓治療師在個案的問題脈絡中看個案的問題。結構式遊戲治療的分析診斷是在協助治療師了解個案，絕不是在「標籤化」個案。

　　接下來就來介紹這個四象限架構圖，以及四大類型的兒童。下圖中間圓圈範圍代表的是鬆與緊、自主與親密需求的正常範圍，每位兒童都具有親密需求、自主需求及緊鬆的特質與需求，正常健康的兒童能有彈性地展現自己的特質與表達自己的需求。個案的樣態越是在四象限的極端就表示問題越嚴重。

結構式遊戲治療四象限評估圖（資料來源：鄭如安，2015）

　　結構式遊戲治療根據此四象限評估圖提出四種類型的兒童，分別取名為：王妃公主型、孫悟空型、孤雛淚型和含羞草型。筆者根據這幾年累積的督導與實務經驗發現，又可更細緻的將每個類型再分成兩個亞型，因此就從四種類型變成八種類型。茲介紹如下。

二、王妃公主型個案樣態

　　皇室貴族的王妃、公主是大家稱羨的對象，但也因為如此，每位王妃、公主都要以最完美的形象呈現在眾人面前，她的舉手投足、一顰一笑、穿著打扮都必須雍容華貴、氣質高雅。每位王妃、公主的衣著、講話時的表情、上下汽車的姿勢等等，都是有規定及被反覆指導要求過的，不是想笑就笑、想吃就吃、想坐就大剌剌的坐下，她們沒有權力隨自己的意願做，因為她們是王妃、是公主。試想在這樣的環境中長期生活，最後會成為一個怎樣的人？日本妃子、英國戴安娜王妃都被報導曾罹患憂鬱症，我想這和她們缺乏自主、自由決定有密切關係。因此王妃公主型的個案多半是呈現過度拘謹、追求完美、容易焦慮、不敢做決定、退縮、沒有自信等行為。他們不是在追求權力，他們是已經被訓練得不曉得自己可以有權力，面對這類型的個案，治療師就是要鼓勵他們做決定，透過遊戲活動或某些媒材讓他們釋放壓力及做決定，例如指畫、撕紙畫、黏土等活動，就是要他們釋放。

　　這類型的個案又可以細分如下兩型：

　　1. 追求完美型：所謂追求完美型就是每件事情都要做到盡善盡美，不能有瑕疵、不能有錯誤，例如字要寫得很整齊，本子要保持的很乾淨、玩具要排得很整齊、玩完一定要收回去、他們的穿著都是很得體、很端莊，他們經常在很多小細節上著墨很多，這類的個案經常因為對自己的要求高，而導致比別人有更大的壓力，情緒可能經常處在緊張、焦慮、擔心或害怕的狀態。

　　2. 等待指令型：這類的個案特別的服從、聽話，每做一件事前，都一定要經過許可，不敢擅自作主，在遊戲單元中，其實已經告知這邊的玩具他都可以玩，他還是會很有禮貌的詢問，經過同意他才敢去玩，甚至他都覺得一定要經過家長的口頭同意，他才可以去玩。這類的個案呈現出非常

的拘謹、緊張、不知所措的狀態。他們之所以不敢做，常是因爲他們覺得自己沒有資格、沒有權力做決定，他就是要聽話。

三、孫悟空型個案樣態

孫悟空的故事大家都聽過，他行爲囂張、大鬧天庭與海龍宮等，只因他覺得自己很有能力，應該給他一個官位與權力。後來還是因爲如來佛的五指山及頭上的金箍咒將他限制住，他才逐漸的改變與調整。要了解這類型的個案其實不難，他們就是那種不遵守規範、挑戰權威、調皮搗蛋、欺負同學等類型的個案。他們之所以會如此有兩種可能，第一種是他已經習慣當老大，因爲被家人過度嬌縱、寵壞了，他是家裡的小霸王，到了學校還是要當小霸王。另外一種則是被過度壓抑及限制的個案，在離開了權威者的範圍之後，就變得調皮搗蛋，就好像沒有五指山壓住的孫悟空，就會是一隻「潑猴」，這類型的個案多半是在家庭中有一位極權威的照顧者或是施暴者。面對這類型的個案，治療師就是要讓他們在規則、規範中享受及擁有權力，透過結構性、有規則的遊戲活動與他們互動，並且在他們遵守規則遊戲之後，加以肯定鼓勵，例如結構性的棋奕遊戲、任何有比賽規則的遊戲。治療師在遊戲過程中溫和堅定的確定好規則就很重要。

我再將孫悟空型所細分的兩種類型兒童說明如下：

1. 賴皮卸責型：這類的個案不會在行爲上跟權威者對立反抗，但他經常就是不願意對自己該負責的行爲負起責任，甚至會賴皮推卸責任，常會用一種我很累了、我睏了、我不會、我就是不會嘛！你幫我、你就是應該要幫我等方式推託甚至賴皮。這類的個案多半都是被寵壞的孩子，或是前述家中的小霸王。在成長過程中，因爲照顧者過度的寵愛、包庇，導致他們經常沒有爲自己的行爲負起責任，加上照顧者可能也經常地替個案做了孩子該負責任的事情。這類的個案若是面對他喜歡做的事，他就會很樂意

地去做，但若是他不喜歡做得事情，他就找很多的理由來推卸責任，或伴隨著生氣、憤怒、可憐、難過的情緒狀態。總之，他們猶如是一個被寵壞的小孩或是家中的小霸王。

2. 對立反抗型：這類的個案就是呈現出衝突、對立、抗拒，甚至會有暴力的行為，他們想要做什麼就要去做什麼，不在乎家長、老師的界線、規則跟規定。所以，這類個案經常跟同儕、照顧者、管理者出現衝突對立的互動。筆者多年的實務經驗發現這種「對立反抗」型的個案，其形成的脈絡原因有兩種，第一種多半就是在個案年幼時，是屬於前面那種「賴皮卸責」型的個案，若家長一直沒有讓他們學會為自己行為負責任，而是讓他一直賴皮賴皮，那隨著年齡的增長，這類的個案就會從賴皮不負責任，進而在他的價值觀形成「幫他是應該的！他想要做什麼就可以做什麼！反正有人會處理善後」，又因隨著個案年紀增長，個案自主的需求也越來越強烈時，他就從賴皮卸責演變成對立、反抗的行為。第二種就是所謂的壓抑型的個案，這類孩子的生活中，經常是有一個非常嚴格，甚至會虐待他們的照顧者，導致這類的孩子在施暴者或嚴格的照顧者前，他們是非常壓抑且充滿了恐懼、害怕的情緒，但當他一離開這位嚴格的施暴者，他會把他壓抑的情緒發洩出來，而其發洩的方式就以是衝突、抗拒、對立等行為，呈現在其他的環境脈絡及相關人員的互動上。所以，這類的個案的對立反抗行為，其實是他們內在受傷的一種呈現方式。

「賴皮卸責」型跟「對立反抗」型的個案，通常會隨著年紀增長而越來越惡化，因為他們本身自主需求的需求程度增大了，導致為了滿足內心的自主需求而更容易呈現出對立反抗的行為。因此，面對有關外顯行為是對立反抗的個案，治療師要很細膩的去了解他們的成長過程、家長教養態度與環境脈絡。

四、孤雛淚型個案樣態

　　每個人可能也都看過孤雛淚的故事或電影，劇中的那些孤兒沒有被充分的照顧，也沒受到良好的教育，甚至有的孤兒就淪為小偷。有的則是因為父母離異、父母過世或者是單親後母親再嫁（或同居）、父親再娶（或同居）等產生新的家庭結構後，個案無法適應新的家庭結構、家庭動力，或是在這新的家庭結構中被忽略或被虐待等，有的則是個案內在的抗拒、防衛新的家庭成員等因素，使得他們的行為開始出現脫序偏差的行為（鬆）。這類型個案的脫序偏差行為背後的原因，其實都跟親密需求有很大的關連，治療師有必要了解兒童跟原生父母間的親密關係及互動如何？跟重組家庭中的繼父、繼母親密關係的建立又有何問題？在此建議治療師透過滋養、撫育的遊戲活動，建構一個夠好且穩定的關係為基礎，然後再進一步處理他跟家庭親密關係的議題。另外一種就是媽媽產下一個弟弟或妹妹之後，使得個案本身不再是全家人關注的焦點，個案出現要引起注意的退化行為或不聽話的行為，治療師面對這類型個案的介入，就可能是要進行親職諮詢，協助個案的父母多關心兒童。

　　我再將孤雛淚型所細分的兩種類型兒童說明如下。

　　1. 渴望關注型：此類型的個案呈現出來的行表現，都沒有很遵守規則、規矩。但他們比較沒有出現對立、攻擊、抗拒等行為，這類型個案的成因常常跟家庭結構有很大的關連。渴望關注型的個案，就是那種覺得自己在家裡，總是是被忽略的、被孤立的，他之所以會有不聽話、不遵守規則與規矩的行為，其實是在表達他渴望被關注、被看到，這類的個案有時也會表現出幼稚或退化的行為，也經常會抱怨爸媽偏心、不愛我，嚴重的就會呈現出類似自暴自棄的行為。其實這些都是再告訴照顧者他渴望被關注。

　　2. 鬆垮懶散型：這類型的個案也跟家庭的結構有很大的關連，例如爸

媽的工作是擺夜市的或者是輪班的，導致孩子的上學、放學、功課及老師交代的事情等等，家長都無暇去關注到，導致個案的某些行為就顯得不夠配合，經常是拖拖拉拉、丟三落四，就好像是螺絲鬆掉了的一個很鬆散的孩子。面對這類型的個案，其實只要能夠有效地協助他遵守界線，確實地執行各種規則、規定的要求，孩子的轉變與進步就會很明顯。

　　由上可知，這兩類型的個案，一種是渴望被關注，另一種是欠缺正向的關注與照顧而導致的，我們只要能夠具體明確的讓個案感受到被關注，協助其執行界線規則的要求，個案就會有明顯的轉變。

五、含羞草型個案樣態

　　每個人都知道只要一碰含羞草，它就立刻縮起來。在班級中的確也常看到一些害羞、缺乏自信、易焦慮甚至退縮的兒童，他們常是「我不知道、我不會、我不行……」等低自我概念，或是「我會害怕、我不敢、我好緊張……」等焦慮的反應，嚴重一點的就會出現人際焦慮、人際孤立，甚至畏懼上學。另外一種典型就是兒童突然將自己封閉起來或是避談某些事件，例如一位活潑的兒童突然變的不愛說話，也失去昔日的活潑，原來是因為父母親正準備離婚。也有的兒童會刻意不談某些人或事件，例如不願多談媽媽、爸爸或是妹妹等。這類型的個案基本上都是需要關心與關愛的陪伴經驗，治療師要能同理與了解到他們內在真正的需求與心情，然後給予大量的肯定與鼓勵，創造一些成功的經驗，提升他們的自尊、自我概念。也要在遊戲治療過程中創造一些好的客體，以及可以用感官感受到的「好的回憶」等活動。

　　我再將含羞草型所細分的兩種類型個案說明如下。

　　1.退縮焦慮型：這類型個案經常伴隨著焦慮、緊張、害怕的情緒，之所以會這樣子可能是在成長過程中，不斷地被否定、被責罵，甚至被虐待

而導致個案很沒有安全感，而這個沒有安全感，導致個案在情緒上、行爲上表現出退縮沒自信的樣態。在暴力家庭中成長的孩子，有部分的孩子會變成對立反抗型的個案，有的孩子則會變成退縮沒自信的個案。有時退縮沒自信的個案外在行爲不會顯得很膽小退縮，但他經常的特別注意到周遭環境一些權威者的表情、態度，當他感受到權威者可能不開心、不高興或生氣時，他們就會顯得非常的退縮。總之，這類型的個案退縮、沒自信的根源就是內在充滿了不安全感。

2. 自我封閉型：另外一種含羞草型的個案，筆者稱之爲自我封閉性。這類型的個案多半都是在生活中遇到了一些重要的事件，這重要事件導致他一時無法承受、無法接受或無法適應，於是就採用了退縮、封閉、逃避的機制，例如面對重大的地震、風災、車禍或重要親人的過世等等事件之後，這類型的個案會把自己的感受、心情關閉起來，也不跟人互動，這也就是我說的自我封閉型。這類的個案也跟安全感、依附受到破壞有很大的關連。但這類個案通常是因爲該特殊事件所導致的，因此，如果能夠有效地讓孩子把這個事件所帶來的情緒及衝擊，有效地紓解之後，對他們會有很大的幫助。

上述所歸納出八種類型的個案，目的絕不是在對號入座地給予個案一個「標籤」，而是希望透過這個分析架構，協助治療師能更深入的了解個案行爲背後的原因。在遊戲治療實務上也發現，有些個案是很典型的屬於某種類型的個案，但有更多的個案是很難可以歸到某一個類型個案，他可能同時兼具兩種類型的樣態，或雖同是屬於某一相同類型個案，但其內在的需求或問題行爲形成的脈絡仍可能是很不同的。而這也正式撰寫本書及提出此八種類型個案的重要目的，期待透過這樣的分析架構來協助治療師更能了解個案、認識個案，而不僅只是關注其問題行爲。

第二節　過渡客體的建構

　　喜歡聽辛曉琪的〈味道〉這首歌嗎？或許一段感情結束了，但久久無法忘懷他的味道。你可曾有「觸景傷情」的經驗？你可曾看過長輩手拿著一張泛黃的照片，似乎又回到他過去神采飛揚的年紀，所謂「懷舊療法」是有它的效果的！兒童喜歡和爸爸媽媽一起看著他剛出生、滿月、一歲、入幼稚園、去遊樂園玩等成長過程的相片，因這樣的過程，他可以深深感受到他是被愛、被照顧的。上述種種生活中看得到的經驗，其實都是一種「夠好」關係的表徵，也是一種好的依附經驗。

　　不同年齡、不同性別的人都要有所依附，只是依附的客體不同。遊戲治療過程就是一個關係建立的過程，關係會有結束的一天，讓兒童離不開治療師不代表治療師的成功，但讓兒童帶著遊戲治療過程中，感受到的安全感、能力感離開，那才是成功的遊戲治療。兒童需要用具體的物件來象徵內在的感受，而「安全感」、「能力感」等概念是抽象的，因此，治療師必須運用一些具體的物件與這些正向的遊戲治療關係、安全感、能力感連結起來，這就是所謂的過渡客體。

一、建構過渡客體的理念

　　過渡客體的建構是引用安全依附關係的觀點。因過渡客體的建構與觀念在本書不同的章節都已出現過，它可以滿足兒童的親密性和一致性的需求（請對照第二章第三節內容），治療師更要讓過渡客體成為正向關係的具體表徵，雖然依附理論觀點強調夠好關係很重要，但遊戲治療關係畢竟和親子關係仍有所不同，因此鼓勵治療師建構一個物件，讓兒童能與其產生正向的連結，不鼓勵治療師成為兒童依附的客體，因為這個物件是具體的，是可以讓兒童帶回家的。這個物件也可以成為正向關係的具體表徵。

二、建構過渡客體的原則

　　一個含有正向情感成分，又具有象徵意義的物件，都是非常好的客體。因此，每個人在不同階段都可能會有不同的客體，它不僅限於三歲以前的安全依附客體。結婚儀式中男女生交換的戒指，一個獎盃、玉山攻頂留下來的相片或證明書、你的第一支手錶等等，這些物件都有其意義，而且這些物件都蘊涵著一段故事，這些物件就都是所謂的過渡客體。要建構一個夠好的客體，其實是要一段時間或是與兒童的生命經驗有深度連結的，有關建構過度客體的原則說明如下：

(一) 儀式性的建構

　　每個宗教信仰都常有不同的儀式，如飯前禱告、睡前禱告、入大廟先禮佛、早課晚課的頌經禮佛、初一十五吃早齋等等，這些都是儀式，這些儀式平日看起來就是一些行之如儀的活動，但對於一個信仰虔誠的信徒而言，他就是在這些行之如儀的活動中和他的信仰連結，他也是在這些行之如儀的活動得到希望與力量，因此這些儀式絕對有它的重要性與必要性。放眼世界每個種族、每個宗教都一定有他們特有的儀式，因此，儀式活動是很重要的。同要地，遊戲治療過程中固定的遊戲時間、遊戲場地其實已有建構儀式的內涵，今天同樣也可以再將儀式的觀念，運用在過渡客體的建構上，實施的步驟如下：

　　1.治療師根據兒童的性別、年齡、背景、轉介問題及初次晤談後的感受等資料，決定好某種過渡客體（通常是布偶、玩偶或模型）。

　　2.治療師決定好過渡客體之後，接下來於每次的遊戲時間都帶著此過渡客體和兒童見面。並在此過渡客體第一次以和兒童見面時，請兒童為此過渡客體取個名字。

　　3.治療師在和兒童見面時，就以此過渡客體和兒童打招呼、問候，甚至運用此過渡客體和兒童進行撫育性的互動，例如以此布偶和兒童握手、

親兒童臉頰、讓兒童抱抱等互動。

4.治療師在每次結束時，也以此布偶和兒童說再見，甚至也可以擬人化的以布偶的角色，給兒童回饋或對兒童做遊戲單元歷程的回顧。（可以配合第二章第三節及第八章內容閱讀）

「小咪（小白兔布偶），你今天看到小明做了些什麼呢？」（治療師邊問布偶，邊將布偶靠近兒童）

「嗯！我看到小明今天一來就先到娃娃屋，然後……。」

……

「來跟小明說再見。」

「來！小明抱一下小咪，然後也跟他說再見。」（將布偶交給兒童）

5.每次遊戲單元都像是一個儀式般的進行，一直持續到結案。

在整個結構式遊戲治療過程中，過渡客體和兒童都有正向的互動與撫育性的接觸，加上此過渡客體每次都很規律地伴隨著治療師一起出現，這種規律且正向的互動經驗就是建構安全依附的基礎。加上治療師與兒童也建構正向的良好關係。因此在結案的最後一次遊戲單元，治療師將此過渡客體送給兒童，則此過渡客體就是一個正向生命經驗的象徵，還包含了治療師的愛與祝福。

(二)運用對兒童有意義的物件建構客體物件

前述提及過渡客體可能是和兒童的生命經驗有深度連結的物件，他可能是一個人、動物或物品，他已是既存在兒童的記憶，治療師透過一個相同或類似的物件兒童心中已有一個很重要的客體表徵出來。通常這個對兒童有意義的物件會是在遊戲治療過程中，兒童曾經提及過的人、動物或物件。

「我很懷念已經死掉的小狗。」

「我覺得媽媽就像天空中的星星。」

「我希望生日的時候有人為我慶生。」

「我好想養一隻兔子。」

　　治療師就可以利用兒童所提及的物件創造出一個正向的客體。例如曾有一位相當沒有安全依附的九歲小男生，這小男生並沒有一件讓他懷念的玩具或毯子，但他卻常常談到他小時候最喜愛的一隻小貓，但是後來那隻小貓被媽媽送給別人了。

　　治療師就請兒童描述印象中的小貓，然後治療師找到一件類似兒童所描述的一個小貓布偶。當治療師帶這個小貓布偶到遊戲室時，可以想像兒童的驚訝，也因為這個小貓布偶讓整個遊戲治療過程有了很正向的轉變，兒童很喜愛這個小貓布偶，總是帶著它進行遊戲。這個小貓物件促進了兒童和治療師的連結（bounding）。結案之後，小貓布偶讓兒童帶回家，也就是將治療師及正向的遊戲治療過程象徵帶回家，這也就將遊戲治療的成效繼續的延伸下去。

第三節　我的心情歷程點滴活動

　　通常沒有被適度正向照顧到的兒童，在行為上常會出現冷漠、退縮或是極度討好，特別表現出希望能被喜歡、被注意的行為，可是當你和他比較熟悉之後，他卻會出現令人不舒服的過度依賴或不順服的行為。究其原因，就是其內心深處有很多的焦慮、不安全感，有的還伴隨著憤怒、無力與無奈。

　　若要設計一些策略遊戲來與這類型兒童接觸，其原則就是要提供兒童一個生理、心理正向接觸的經驗。如食物的滋養、正向身體接觸（如握

手、擊掌加油等）、引導接觸內在情緒經驗、治療師的同理接納，這些活動都會讓兒童感受到被了解、撫育，能讓其情緒平穩下來，感受到自己是被愛的。當兒童把這種被撫育、被照顧的經驗內化後，他內在依附、依賴的需求就會被滿足，進而能使他們變的自發與自動。簡言之，就是要做到：1.滿足兒童親密的需求。2.讓兒童重新體驗到一種被尊重、被照顧的接觸。3.引導兒童看到自己內在的情緒感受或想法。「我的心情歷程點滴」就是在每次的遊戲單元一開始或結束前，邀請兒童分享他現在的心情或上週的心情爲何，並給予一個量化的分數，然後把每週所分享的心情都一起呈現，就可以看到從遊戲治療開始到現在的心情歷程點滴。此活動就是要協助兒童看到自己內在的情緒感受，以及在遊戲治療過程的情緒轉變歷程，進而體驗到一個新的被陪伴了解的經驗。

一、運用「我的心情歷程點滴」之理念

在團體或個別輔導的過程中，治療師常運用具象化的技巧或評量性的問題，來了解兒童的情緒狀態，例如現在的心情是什麼？若是1-10分，分數越高表示這個情緒越強烈，你現在的這個情緒大概又是幾分呢？在結構式遊戲治療中，鼓勵治療師多運用各種物件、媒材，引導兒童表達和溝通，並且也利用這些物件讓兒童能與自己的內在感受、心情接觸。因此，運用「我的心情歷程點滴」活動時，也可以加入其他媒材的運用。茲介紹如下：

1.引導兒童和自己的感受、心情接觸：一個沒有接觸到情緒感受的諮商或遊戲治療過程，就好比是沙漠中乾涸掉的綠洲，不會有生機出現。但前來接受遊戲治療的兒童，其內心可能都是傷痕累累，他們不想再去接觸自己的內心感受，有的可能也已經麻痺了，也不知道如何與內在感受接觸。「我的心情歷程點滴」的活動是一個簡單，且不會讓兒童感覺太具情

緒張力的活動，因此不會讓兒童對此活動防衛，但卻能透過簡單的自我檢視內在感受，開始與自己的內在接觸。

2.引導兒童搭配藝術媒材將內在想法或感受做表達，兒童看得到具體的圖案、顏色，再加上治療師反應其創作過程的表情、身體動作（力量、動作的表現），都會使我的心情歷程點滴的表達與感受更具滲透性。

3.心情是一種很主觀的感受，雖然透過1-10分的表達，仍是主觀的感受，但卻已變的更為具象、具體，可以讓治療師更明確地了解兒童的狀況。而且當兒童在為自己的情緒狀態評定量數時，就是一種自我接觸與檢視。

4.治療師回顧兒童在不同遊戲單元中的分數，可以檢視兒童是處在轉變、進步或停滯的樣態。

5.在遊戲治療的最後一個遊戲單元，也可以以我的心情點滴的轉變情形，引導兒童看到自己轉變的歷程。

二、「我的心情歷程點滴」實務運用

「我的心情歷程點滴」實施的方式，可以依據治療師的時間、意圖來決定，建議可以將此活動做為每次遊戲單元開始時的儀式。以下介紹兩種進行方式，第一種是僅以口語表達心情指數的方式，第二種則是加入表達媒材的方式。

(一) 僅以口語表達心情指數

1.請兒童以口頭的方式表示此時此刻的心情如何？如果1分代表很糟糕很糟糕，10分代表很好、很快樂、輕鬆，那你現在會是幾分？

2.當兒童表達其情緒狀態的分數之後，通常治療師可以再引導兒童描述一下情緒狀態的內容。若是出現極端的分數（如1分或10分），則更要關切此現象，此現象常會成為當次遊戲單元的主題。

3.在幾次遊戲單元之後，治療師可以將其心情氣象台指數的轉變作回顧，並了解這對兒童有無意義。這樣的介入可以協助兒童看到自己的轉變、進步情形或瓶頸。若遊戲治療關係陷入僵局，這也是一個很有效的接觸，協助治療師處理此議題。

(二) 運用媒材將心情及想法具體表達

前述提及實務工作時，會引導兒童回顧遊戲治療過程中，心情指數的轉變情形。因此若時間允許，就將此活動建構爲遊戲單元開始的儀式性活動，如此，「我的心情歷程點滴」活動，就不只是用口語表達，還可運用一些簡單的媒材，如鉛筆、蠟筆、臉譜、心情氣象台學習單等，引導兒童將其心情及伴隨的想法具體地表達出來。其過程和前述一樣，但可能會需再注意以下幾點：

1.建議設計一個簡單的人偶、臉譜、溫度計、圓形等圖案的學習單。然後準備一盒至少48色的蠟筆。然後邀請兒童選擇一個或數個最能代表此時此刻心情的顏色，然後用線條、力道、形狀、表情等方式來表達此時此刻的心情。

2.當兒童完成之後，治療師要將兒童創作過程及作品內容作簡要回應。

「嗯！小明剛才我看到你一開始時蹙著眉頭，好像不知道要怎麼畫？後來很快地你就想到了，看到你選了紅色和黑色，而且畫了好多好多的閃電！最後說還要加上一個太陽，你就畫了一個微笑的太陽。我很好奇你的作品！」

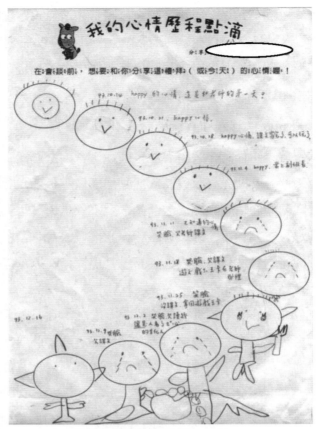

「我的心情歷程點滴」作品

3. 當兒童運用蠟筆或媒材來表現自己的心情時，兒童所創作出來的圖像、顏色都象徵著他的心情，此方式讓兒童接觸自己的內心世界，然在描述作品過程，可以讓兒童更清楚自己的感受、想法，甚至有時兒童在描述過程中也會有所領悟。因此，治療師的一個重要任務就是引導兒童表達。兒童在描述介紹自己的作品時，通常會將其圖像內容作描述，但通常不會描述其顏色的象徵，因此治療師在兒童描述的過程中，記得要詢問兒童介紹其所選擇的顏色所代表的意義。有時一些較小的細節，也可以請兒童描述。

　　「小明，我看你用了紅色、藍色和黑色，你告訴我這些顏色分別代表著怎樣的心情？」

　　「你的閃電後面，你在最後加上了一個微笑的太陽，告訴我這代表著什麼？」

　　4.從歷程紀錄中，若看到兒童的轉變，可從中找出不一樣的事件、獨特事件或例外事件來「增能」（empower）兒童。剛開始兒童所畫的圖都是笑臉，中間畫了一次哭臉，結束時又畫了笑臉，可以詢問他：「是什麼讓你的笑臉再出現？」從中找出正向力量、正向資源，以此「增能」兒童。

三、運用媒材協助兒童接觸其內在感受之其他活動

　　「我的心情歷程點滴」活動可以引導兒童接觸並表達其到內在心情感受。結構式遊戲治療也鼓勵治療師運用媒材，引導兒童與其內在感受接觸，其中藝術媒材、情緒臉譜、圖卡、繪本等是常用的媒材。下圖是治療師針對一位十二歲目睹家暴的兒童，以《好事成雙》繪本配合畫圖活動過程所完成的作品。以下就簡要說明一下進行過程。

目睹家暴兒童作品：「晴天 vs. 雨天」

(一) 事前準備的材料

繪本（好事成雙）、48色的蠟筆、A3白紙、剪好的人像。

(二) 引導過程介紹

1.拿著《好事成雙》繪本講給兒童（邊講邊翻）。

2.講完之後，引導兒童分享聽完後之感受？若兒童不知道如何回應，則可以下述詢問來引導。

「若這本故事書可以重講，但只能重聽其中的一頁，你會想重聽哪一頁？」

「告訴我你想重聽的原因？」

「若是最不想聽的又是哪一頁？」

「也請你告訴我，你不想聽的原因？」

3.讓兒童自由發表，然後給予「追蹤描述行為」、「情感反映」、「反映意義」或「提升自尊」等反應。過程中治療師就是跟隨、接納及肯定兒童的感受。

「你想重聽他們舉行的『不結婚』典禮，因為很有趣也很好玩。」

「喔！你喜歡重聽可以鑽著地道，到兩個新的房子玩的這一頁，因為太棒、太酷了！」

4.治療師將事先準備好的人像和A3大小的白紙給兒童。請他運用這些媒材完成「我的家」作品。其中有幾點可以引導兒童：

(1)請兒童將人像貼在白紙上的任何一個位置（可正、背、側、躺、倒等方式皆可）。

(2)請兒童在人像上用最能代表他心情的顏色，以及心情是在哪個部位，在適當處著色，並將臉部表情畫出來。（可表達多種心情，治療師可以先示範如何做。）

「這裡有空白人像、蠟筆和白紙，請你運用這些材料創作『我的家人』。」

「你要選幾個人，或是怎麼貼、什麼姿勢都可以？把他當成一個好玩的遊戲。」

「請你貼好後，再為這些人著上顏色和表情。」

5.兒童完成作品之後，治療師邀請兒童分享他的作品。引導的過程可以參酌第六章看圖片說故事活動的實施方式及過程。

整個過程進行到此步驟即可。若治療師想傳達繪本中的一些重要觀點或內容，治療師可以引導兒童再次閱讀故事中此一觀點的文字內容，例如《好事成雙》此繪本，就可以傳達此觀點給兒童。

「若父母親的行為像個小兒童，那絕不是兒童們的錯。」

引導兒童了解，父母親間的爭執甚至們彼此出現暴力行為，絕對不是兒童的不好、不乖導致，是施暴者（父親或母親）本身有問題。

治療師透過繪本故事及遊戲般的創作活動，讓兒童可以以口語搭配非口語的方式表達，可以引導兒童接觸及表達他們內在的感受、情緒與想法，這樣的過程是很有治療效果的。

第四節　猜束口袋遊戲活動

　　兒童在成長過程中都非常渴望被關注、被滋養、被撫育的。在實務上發現很多有困擾的兒童，其不適當的行為、情緒的不穩定或極端的沒有安全感等，都是因為他在成長過程中，親密的需求沒有被滿足。

　　過去曾接過一個極為聰明的兒童，因父母離異且母親在離異後就離家，導致此兒童一直在不同親戚家輪流居住，在學校課業學習的表現並未充分顯露其應有的水準，最讓學校老師苦惱的是該生創意豐富但常逾越規範，例如此兒童非常喜歡畫圖，尤其喜歡畫水彩，當他裝了滿滿的水，拿著水彩筆要揮灑時，對他而言真的是一件快樂且有趣的事情，但他這種恣意揮灑的行為，會導致旁邊同學及整間教室都受波及，這樣的行為當然會被老師限制、責罵，責罵的當下會收斂一點，但很快就又故態復萌，且在其他很多行為上也都是有類似情形。兒童不是真的那麼調皮不乖，但就是讓老師、家長頭痛不已。

　　這類型的兒童在結構式遊戲治療中的進步都非常的明顯，在筆者透過這類結案後兒童的回顧分享中得知，他們很多都分享到每單元結束前的束口袋活動，是他們印象最深刻或喜歡的活動之一。筆者認為束口袋活動讓他們感受到被關注、被滋養、被撫育，充分滿足他們的親密需求，使他們的情緒變的更平穩，進而也就更能學習自我掌控、自我管理，因此他就更能夠遵守治療師或學校老師所設定的一些界線。

　　由此可知，很多的兒童的不適當行為、情緒的不穩定或沒有安全感，有很大的原因是在於他們的親密心理需求沒有被滿足。再者就是即使沒有困擾的兒童也是喜歡被關注、被撫育的。因此結構式遊戲治療在每次遊戲單元結束前，就很鼓勵治療師要將束口袋遊戲活動，建構成一個儀式般的結束遊戲，因這樣不僅能滿足兒童的親密需求，也是一個非常重要且為治療效果打基礎一個活動。

一、「束口袋！猜猜猜！」活動的理念

　　有關食物在遊戲治療中的應用是很有趣及有效的。從依附理論的觀點，我們可以預想得到，食物的適當提供有助於依附關係的建立。束口袋食物活動則是在滿足兒童被滋養照顧需求的同時，還要兒童學習遵守規則規範的要求。茲將起理念說明如下：

　　1.正向的連結：一個好的依附關係往往是有一個愉快經驗的連結，這些都和愛、舒適、安全有關，因此，透過食物、身體溫柔的接觸、照顧滋養的動作（如擁抱、梳頭髮、擦乳液）等都可以建構正向的依附關係。

　　2.有規範及規則的滋養：在每次遊戲單元的結束時，拿出事先已裝入巧克力、軟糖、牛奶糖或巧曼陀珠之類的束口袋，然後請兒童遵照下述的遊戲規則。只能以「是不是硬的……？」「是不是……？」之類的問題詢問，透過治療師回答的提示，猜出束口袋中的食物名稱。這樣一個遊戲過程是輕鬆且有趣的，也引導兒童遵守遊戲的規則與規範。

　　3.適宜的退化是此類兒童成長的必要：當兒童猜中之後就請兒童吃，在實務中，還曾遇到兒童會要求治療師剝給他吃。治療師以正向的態度回應兒童這種有點依賴或伴隨退化的行為，其實是很正向的一個反應。當遊戲治療關係越來越好時，享受食物的過程也就變的越來越放鬆與享受。

二、「束口袋！猜猜猜！」活動實務運用

　　在前述的理念下，每位治療師都可以有自己的創意，在適當的時機運用「束口袋！猜猜猜！」活動，以下僅就實務上應用的經驗，提出幾點原則。

　　1.建議在遊戲治療的初期，就將「束口袋！猜猜猜！」活動設計在整個遊戲單元中。因為此活動非常簡單且受歡迎，對於關係的建立很有幫助。通常會將此活動放在整次遊戲單元的最後，與此次遊戲歷程回顧合併

一起進行，這樣的設計是為了讓每次遊戲單元都是在一個正向、快樂且滋養的情境中結束。

2.治療師要在每次遊戲時間的一開始，就告知兒童在今天遊戲時間結束後，會和兒童進行「束口袋！猜猜猜！」的遊戲。

「小明，你看現在的長針在2，等一下走到8的時候，我們遊戲時間就到了，然後我要與你進行一個有趣的猜東西活動。」

其中預留五到十分鐘（遊戲單元結束時間是長針走到10），就是要進行滋養的活動及本遊戲單元的遊戲歷程回顧。

3.「束口袋！猜猜猜！」的活動，通常會和遊戲歷程的回顧合併進行，且讓這兩個活動在每次遊戲單元都出現，逐漸地建構成治療師和兒童結束前的儀式性活動。

4.雖然筆者一直提到「束口袋！猜猜猜！」活動是放入糖果、餅乾等食物，但如同前面所講擁抱、梳頭髮、擦乳液等好的互動也是可以的，甚至有時因兒童的需求而改放入一些貼紙、小模型也可以，重點在於要建構成一個儀式般的活動。

再則就是本書第二章第四節介紹的紅豆餅的故事與《開往遠方的列車》繪本等，也都跟「束口袋！猜猜猜！」活動有同樣的功能，讀者可以再參酌對照，或許會更有體會。

三、其他相關策略遊戲分享

人在被照顧與付出照顧中成長，「愛」與「被愛」的表現都是人類成長所需要，我們也常透過「愛」寵物、照顧植物、收藏物品等過程，滿足內心的缺憾。因此除了類似「束口袋！猜猜猜！」的滋養活動之外，也可

以針對此類型的兒童加入「栽種種子」活動。栽種及照顧種子的過程，絕不是一個任意而行的過程，是需要耐心、愛心及注意許多環境條件的，兒童在栽種過程中可以得到至少兩個助益：第一個是讓兒童體驗到被照顧及照顧別人的感受，進而也能在心中孕育出滋養的正向情感；第二個則是在栽種及照顧的過程得到成就感，進而培養兒童接受規範的負責任態度。因此，陪著兒童進行此類性質的活動是很有價值的。下面介紹栽種種子活動的實例。

(一) 事前準備的材料

種子（刻有文字的種子尤佳）、栽種的瓶子。

(二) 引導過程介紹

1. 選好種子、栽種器材。

建議容易栽種及成長期短的種子。下面圖片中的種子，是刻有「一帆風順」文字的種子，若在選取種子的時候，能找到有文字的種子，則又透過文字象徵著各種含意，在運用過程更增加趣味及隱喻的功能，

有關栽種器材的選擇，建議以透明可觀察，並能用奇異筆在器材上書寫文字、日期的器材，如透明瓶子。

2. 運用種子上的文字，或是治療師自行建構一個隱喻、故事的象徵。

栽種種子活動圖

刻有文字的種子

愛的種子

　　過去好久好久，這顆種子一直被忽略的放在房間的一個角落，都沒有人注意到它，它身上沾滿了灰塵、佈滿了蜘蛛網。

　　直到有一天，小明發現了它，將它身上的灰塵及蜘蛛網擦拭乾淨。

　　「嗯！一顆漂亮的種子，不曉得它會長成什麼樣子？」小明心想。

　　於是小明將他放在一個透明玻璃中。

　　小明每天早上上學前、下午放學回家。都會小心翼翼的拿起裝著這顆種子的瓶子，為它澆水！

　　因為在小明的照顧下，它長成了一朵美麗的小花！好美好美！他不再是在角落身上佈滿了灰塵、蜘蛛網的種子。小明就將此朵花取名字為「愛的小花」。

　　3.其他如運用現成的繪本或藝術媒材，引導兒童將栽種的過程表達出來，也是一個很值得運用的介入。

　　下圖就是一個兒童運用黏土，創作出一株小草的故事。

有力量的種子

　　小草本來被許多石頭瓦礫壓住，又缺乏水分（投射自己的困境），導致它一直無法發芽成長！但經由一位有愛心的人（治療師）的灌溉，這顆種子就發芽了！它一邊吸收水分，一邊成長，雖然有很多石頭瓦礫，但它還是勇敢的往上成長！它終於長成一顆大樹了！

　　這個作品是他在成長過程的樣子，那隻手代表他是很有力量也很勇敢的。

兒童「愛與力量」創作作品

4. 在要進行此活動前，治療師可能要評估兒童是否適合將種子帶回家，或是就留在遊戲室，然後每週來的時候一起為種子澆水。

　　「小明，從這週開始，我會將這個你種下種子的小瓶子放在遊戲室的陽台，每天的掃地時間，你要來為它澆水喔。」
　　「小明，從這週開始，你可以將這個你種下種子的小瓶子帶回家，記得每天要為它澆水喔，而且下週的遊戲時間，你要記得帶來給我看。」

5. 鼓勵兒童為種子命名，可以在一開始進行活動時就命名，或是發芽了、開花了再命名，也可以引導兒童一起編撰一個種子的故事。

　　「哇！種子發芽了，小明，你為它取一個名字吧！」
　　「小明，種子發芽了，接下來會發生怎樣的故事……。」

6. 治療師就是依照著這樣的過程、原則進行，活動進行中還是要把種

子成長的過程與兒童一起拍照，這些都是可以作爲編撰遊戲小書的素材。另外就是除了栽種種子之外，養寵物也是一個可以考慮的活動，過去曾有一個兒童帶來在夜市買的小魚，他也很認眞投入的飼養。但有關此類的活動的一個提醒是，治療師在進行此活動時，需想好當種子開花後的凋謝、枯萎的處理，此議題對兒童言是不是有困擾，是不是會觸動他有關失落的相關議題。

第五節　百寶盒的運用

記得以前在潛艇服役的朋友提過，在那狹窄的潛艇中要生活半個月到半年，其實對一個人是很大的考驗。要如何能順利的在那狹隘的空間中度過呢？那就是讓潛艇中的每個人，都能保有屬於自己的小小的方寸之地！當他休息回到那窄窄的方寸之地時，他的相片、信件、閱讀書籍、個人喜歡的音樂CD、日記、雜記等個人物件，都被他收藏在這小小的空間中的一個盒子或袋子中，他的身體雖被限制住在一個有限的空間，但他的意念、信念、思想是可以無限寬廣的。而這就是人的自由！

人不可能是完全透明、毫無隱私的呈現在別人面前，每個人都需要有自己的私密空間！在這私密空間是完全屬於自己的，在這空間我就是「王」，我可以掌控一切！因此即使在那下狹隘的潛艇中，就是那一小塊個人私密的空間，讓一個人得以有個喘息、休息及隱藏自己的地方。也是一個可以讓自己享受充分自由的地方。

一般人都以爲「權力」的議題只出現在暴力家庭的夫妻互動，其實兒童在日常生活中，經常是沒有權力發言及作決定的。被轉介遊戲治療的兒童，多數都有「權力」議題需要處理。當一個人都沒有任何決定權時，他可能會像一位「習得無助」感的人，他可能呈現退縮、自卑、自我封閉，或是想辦法證明他是有「權力」的人，就可能會以一種對立、對抗、叛逆

的方式來證明，就像身體受虐兒童，在施虐者前面都是非常的戰戰兢兢，不敢有所造次，但只要是施虐者不在的情境中，他們行為就非常的叛逆，甚至也會有暴力行為的出現。因此，如何讓兒童既有權力又能遵守規範，就是行為適應改善的重要關鍵。

結構式遊戲治療就是讓兒童學習在界線（規範）之內，學習自由表露（自主權力）的過程。透過遊戲的介入讓兒童學習遵守界線，在界線之內他可以充分地表達情緒、想法、投射內在的焦慮、害怕，表露的過程與方式是他可以完全決定的。

百寶盒的運用就是在為兒童創造一個屬於他的世界。盒子基本上就是一種容器，具有接納與包容的象徵。因此建構一個所謂的百寶箱，然後放置一些兒童喜歡、具有紀念性的物件或每次遊戲單元後用漂亮的卡片、便條紙寫下來的感受、回饋等。也可以在每次遊戲單元的時候，讓兒童從治療師的寶箱中選擇一個他喜歡的小物件，然後寫下日期，再放入百寶盒中。每次的遊戲單元都花上一點點的時間進行上述活動，逐漸地建構成一個儀式，是會有令人驚喜的效果。

一、理念基礎

運用百寶盒時的理念是：

1. 掌控感：在百寶盒建構過程完全是由兒童決定，唯一的一個限制大概就是只有在整個遊戲單元結束後，才讓兒童將百寶盒帶回家。其他諸如百寶盒的設計、物件的存放等，都是由兒童完全自主的決定。

2. 內在自我的象徵：百寶盒的好處就是可以收納很多物件，這些物件可以是治療師送給兒童的，也可以是兒童自己珍愛的物件，可能是一個玩具、書籤、遊戲卡匣等，隨著時間的長久，百寶盒中的物件也越來越多，兒童不僅跟這百寶盒的連結越來越深，百寶盒中的物件也越來越投射兒童

內在自我。俗話說「什麼樣的人養什麼樣的狗」，在此我們可以說「怎樣的兒童就會有怎樣的百寶盒」。

3. 過渡性客體：百寶盒的運用常是在遊戲治療初期就開始建構，會跟著遊戲治療的進展而有一段長時間的歷程，兒童不知不覺地就和此百寶盒產生了連結，尤其當在結構式遊戲治療過程中，放入很多正向的象徵物件，其連結的情感都是正向的，都使得百寶盒具有涵融及安全的象徵。即使結案了，治療師還可以鼓勵兒童繼續的建構這個百百盒，那就更有價值及意義了。

二、「百寶盒的」運用實務

百寶盒的運用過程非常簡單，茲概述其過程如下：

1. 治療師預先準備好幾個盒子、箱子（最好是素面可以著色的材質），大小不拘，建議約鞋盒的大小即可。

2. 在治療師要開始應用百寶盒介入時（建議在遊戲治療初期），即告知兒童盒子的用途是在收藏他喜歡的物件。第一次拿出盒子時，治療師可預先準備一些物件，讓兒童選擇他喜歡的物件，然後告知兒童這些物件會放入百寶盒中，並於整個遊戲治療結案後，會連同盒子及盒中的物件送給兒童。在遊戲單元進行期間，兒童也可以帶來他喜歡的物件放進百寶盒中。

「小明，這是我為你準備的一個盒子，從現在起你可以將你喜歡的東西放到這個盒子中。」

「我這邊有很多的彩色彈珠，你可以選擇你最喜歡的三顆放進去這個盒子中。」

「什麼東西都可以，只要是你想珍藏的都可以，而且這個盒子是屬於你的，但是只有在結束我們的遊戲時間之後，你才可以帶回家。」

兒童在百寶盒中放入他的作品

　　上面這個相片葉子的「幸運草」就是兒童的創作作品，在遊戲單元結束後，就將此黏土作品放入百寶盒中。

　　3. 第一次拿出百寶盒時，也可以拿出一些藝術媒材，邀請兒童一起為百寶盒裝飾，裝飾完畢之後，強烈建議治療師邀請兒童為百寶盒命名。因命了名之後，這百寶盒就更具象徵意義。

　　「小明你可以用遊戲室中的任何東西，來為這個盒子設計一下。」

　　「我看到你為這個盒子設計的像是一個海底世界，特別的是還有眼睛和笑臉，真是有創意，太棒了！」

　　「這個盒子經過你的設計和裝飾之後，就完全不一樣了，你可以為這個盒子取一個名字嗎？」

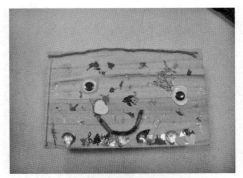

裝飾後的百寶盒

　　上面圖片就是一個兒童所設計的百寶盒，並且將其命名為「海底精靈的秘密」。經由上述創作命名的過程，其實兒童就已經和這個盒子產生了正向的連結，隨著兒童放入盒中的物件越來越多時，其情感的連結就越深。

兒童設計裝飾百寶盒

　　上述圖片就是一個兒童在設計其百寶盒時，就在百寶盒中創作，這樣的過程也是很別出新裁。這樣的過程拍成相片，將來也可以成為歷程回顧的素材。

4. 在建構好百寶盒之後，每次的遊戲單元結束前，治療師可以依兒童特質，引導他給自己一些回饋、寫下今天印象深刻的地方、最近的心情感受等等，也可以留下治療師給兒童的回饋、鼓勵、見證等等，可以買一些很精緻、漂亮圖案的卡片或便條紙書寫，但記得寫下日期，然後把這些放回百寶盒中。

5. 治療師若有蒐集很多的物件，也可以讓兒童選擇一些他們喜歡的物件放進百寶盒中。治療師有時會請兒童吃東西或送他一個小禮物等，這些糖果或禮物的標籤也可以簽下名字，放入百寶盒中。

6. 在將物件放入百寶盒中時，治療師可以發揮創意，建構出一個儀式。百寶盒的活動要是能夠成為一個有意義的儀式，就能和兒童有很深刻的連結，也就會產生令人驚喜的效果。

總之，百寶盒活動的介入是讓兒童在規範內充分的享受其自由、權力及決定，而且在結案前會有一個充滿豐富回憶、正向情感物件的百寶盒完成，兒童又能帶著這樣的百寶盒回家保存，這對於兒童而言將會是一個很正向且特別的經驗。

三、百寶盒運用的延伸：感官甦醒箱

從實務經驗中發現，某些兒童在成長過程，由於家庭破碎導致長期住在育幼院，或乏人照顧，導致他們缺少穩定正向的被滋養、撫育的成長經驗。因此，若在百寶盒中放入許多可以刺激感官記憶的物件，就稱為感官甦醒的百寶盒，這也算是百寶盒運用的延伸，而這個再運用確有不同的功能，也適用於不同的對象。

人類的感官是會有記憶的，某些味道或畫面會喚起一個人許多的經驗，這些經驗有可能是快樂的，當然也有可能是痛苦的，依附有創傷的兒童，其實不代表他們完全沒有正向依附的經驗，因此，感官甦醒活動的設

計就是要在遊戲治療過程中，不斷喚起兒童的正向依附經驗，然後再透過治療師的引導、強化，擴大這樣的經驗。將其過程簡要介紹如下：

1.治療師可以蒐集三十到五十個透明小瓶子，然後在瓶內放入少許棉花。

2.治療師開始蒐集許多各種不同的味道，例如奶粉、醬油、醋、香水、藥、各種水果香味、胡椒、消毒水等等的味道，種類最好能含括日常生活會接觸得到的各種味道。每個瓶子的味道名稱可以以小標籤寫下名稱，貼在瓶子底。

3.治療師可以跟兒童說要玩一個遊戲，請他們閉起眼睛，要他們猜味道。然後開始把每個瓶子蓋子打開，讓兒童猜味道。

「小明，我今天要跟你玩一個遊戲，你眼睛要先閉起來。」

「好！你用你的鼻子聞一聞味道，然後告訴我這是什麼味道？然後這個味道又讓你想起誰？或什麼事情？」

4.當兒童在猜味道的同時，不管猜對與否，治療師都可以問兒童，這樣的味道讓他想起什麼。

「你猜不出來是什麼味道？沒關係！那這個味道讓你想起什麼？」

「這個味道到讓你有什麼感覺？如果講不出來，可以用這些蠟筆塗出你的感覺。」

5.治療師引導兒童把味道連結出來的經驗做敘說，治療師可以根據兒童的敘說內容、關係建立的程度、兒童的不適應行為等，判斷是否繼續猜味道，或做更深入的探索。

「這個味道讓你想起小時候阿嬤煮飯的回憶喔！你要不要說一說？或畫的將這個回憶畫出來。」

「有一次下雨天就是這樣子喔！那種溼答答的味道，嗯！那次下雨天有什麼特別的事情發生嗎？不然你怎麼印象特別深刻？」

「感官甦醒箱」活動是可以建構成一個很有趣味性的活動，在這有趣的活動過程中，就如同本章第二節提到辛曉琪所唱的〈味道〉此首歌一樣，每個味道其實都代表著一個回憶、一個故事，是有可能觸動兒童一些深刻的回憶，可能是某個人、某件事。治療師是可以利用兒童描述的故事來更了解兒童的內心世界，也更接近兒童，同時也讓兒童更願意敞開心房接納治療師。

第六節　照相活動之運用

即使你是一位極有權力的國王領袖，當理髮師或攝影師叫你頭抬高一點、肩膀放鬆點、靠右一點等指令時，你也得照做。在一齣戲或電影中，導演是多麼的重要，導演也是多麼的有權力。

人不分男女或年齡或角色，都需要有自主的權力，當一個人能有自主的權力才代表者他是有自由的心靈。一個人都無法有自主的權力時，是會很痛苦及充滿憤怒的。曾經接過會撞牆的兒童個案，究其原因，就是因為他在家想做的事情，都幾乎事事被拒絕、被否定，因此當他在生活中，又遇到被拒絕或被制止的情境時，他就會出現撞牆或自傷的行為。

基本上，兒童在成人的眼中是需要被照顧的，是不成熟的。因此，有很多重要事情也就都由成人代為決定。但若所有的事情都是由成人決定，兒童從未有自己可以決定的機會，那也會有問題。這種極度缺少自主性的

兒童，有部分會出現退縮或類似習得無助、自我放棄的行為，但另一部分則是，只要離開嚴控的情境，他的行為就脫序、不守規範了。因此面對此類的兒童就同時要能滿足其權力控制的需求，但又需要其遵守規範、規則。

照相活動或類似的活動就是在提供兒童自主的權力，但在行使此權力時又必須遵守某些規則，例如要小心拿相機，可以照幾張，在什麼情況之下才可以有此權力照相等，都是治療師可以規範的。

一、理念基礎

1. **掌控且有立即的成果回饋**：擁有照相機就是一種權力的擁有，自己可以決定從哪個角度拍攝、遠近、大小、物件擺設等，就如同前面所講的攝影師、導演。加上數位照相機的特色，可以立即看到拍攝的結果，這是一種立即的回饋，如果不滿意還可以刪掉重拍，這樣的過程都是讓兒童充分體會到掌控感。

2. **具有增能的效果**：雖說數位照相機非常普遍，但數位照相機對兒童而言仍是一個珍貴的物品，許多家長是不容許兒童隨意操弄。因此，當治療師充分授權，同意兒童拿數位相機自行決定如何拍照的過程，對這類兒童而言，除了能讓兒童體驗到掌控的權力之外，就更具有增能的效果。

3. **提供未來結案時歷程回顧的素材**：本書所介紹之結構式遊戲治療治的一個特色，就是根據人際歷程的理念，在整個遊戲單元結束時會進行一個歷程回顧，為使得歷程回顧更具療效，建議要將兒童的遊戲過程及其創作的作品聚集成冊，作成一本遊戲小書送給兒童，若治療師也將兒童所拍攝的作品放入小書中，那不僅可以豐富這本遊戲小書的內容，還可以提升兒童的自尊及榮譽。

二、「照相活動」的運用實務

　　從多年的實務經驗發現兒童非常喜歡照相的活動，尤其是年紀大一點的兒童，更是喜歡，他們不僅拍作品，還會邀請治療師幫他與作品合照或和治療師合照，甚至有的還會不斷的自拍。這樣的過程都可以讓兒童有掌控感又學習遵守規範。因為照相活動不需要特別的引導步驟或技巧介入的活動，因此提出幾個在運用此活動時的建議。

　　1.若決定運用此活動時，建議每次在進行遊戲單元時，就將數位照相機或手機帶進遊戲室。然後告知也徵求兒童的同意，於每次的遊戲過程都有照相的活動。

　　「小明，你知道這是什麼嗎？」
　　「它是數位照相機，我每次都會帶來，然後也會將你的遊戲過程、作品拍照起來。」

　　2.通常兒童都會很珍惜小心的使用數位照相機或手機，治療師可以放心，但為確保數位相機的安全，建議治療師選擇有帶子的相機，要求兒童在照相時必須先將帶子套在手上。

　　3.照相的時間、可以拍照多久、拍幾張相片等規範，可以視兒童的狀況或需求而定，若兒童有權力控制的需求，在沒有破壞玩具、傷害自己或傷害別人的設限範圍時，是可以讓兒童充分的在時間限制下盡情的拍照。

　　「如果你要自己拍你的作品，也可以告訴我，我可以讓你自己拍自己的作品。」
　　「你自己可以決定要怎麼拍？用怎樣的角度、遠近、擺哪裡等，都你自己可以決定，但是只能在結束前的拍照時間拍，一次只能拍十張。」

4.遊戲單元結束後，建議治療師立即將所拍的照片存檔，並記錄時間，以利日後製作遊戲小書時的引用（可以參酌本書第八章遊戲小書的內容）。

三、其他提供自主及規則功能之遊戲：結構性的棋奕、撲克牌遊戲

要能在規則、規範之中滿足兒童權力的需求之遊戲，還需要其他結構性的遊戲，尤其對於年齡較大的兒童，有時他們喜歡有規則和競爭的遊戲，因此運用各種的撲克牌遊戲、棋奕遊戲都可以兼具樂趣及滿足兒童自主權力的需求。

運用結構性遊戲時，有一個可以評估及觀察的向度，就是看兒童對於遊戲輸贏的反應，有些兒童要輸的時候就會賴皮，意圖更改規則、作弊、情緒反彈，有些兒童會放棄不玩，有的會找一些藉口理由，有的則是會繼續挑戰。這些不同的反應都有助於治療師對兒童的了解，筆者建議在遊戲過程中，可以先讓兒童贏，然後再觀察如果輸了之後的反應。甚至對於有些輸不起的兒童，在關係建立穩固之後，可以讓他輸掉這場遊戲，然後再處理他輸掉之後的反應。

結構性的遊戲有明確的界線、規則，讓兒童學習遵守規定，不管輸贏或是否有完成任務，治療師都可以將整個過程回饋給兒童，有時配合給予肯定過程的努力、表達欣賞與鼓勵等，有時也可以配合食物的滋養活動，這些都可以增進彼此的關係。甚至一個輸不起的兒童，開始接受輸掉的事實，這個過程都是很值得治療師回饋及肯定，改變也才會產生。在此介紹一個棋奕遊戲的過程：

1.決定好遊戲類型時，可以請兒童講述遊戲規則，或由兒童訂定遊戲規則。

「小明，你決定要玩暗棋，你將規則告訴我。」

「你說要玩一種你發明的翻棋遊戲，那要請你將規則說明一下囉！」

2. 遊戲的進行過程中，治療師是要同時扮演兩種角色，一個是對奕者的角色，亦即是跟兒童進行一個比賽。另一個則是治療師的角色，亦即反應兒童遊戲過程的心情、想法與行為，例如當兒童吃掉你的一個旗子，而顯露出高興的心情時，治療師要進行「情感反應」的技巧。

「小明吃掉我的『車』，好高興！」

「又翻倒了，你好得意，可是又不敢笑出來，憋在肚子裡！嗯！我知道！」

3. 繼續在遊戲過程中對兒童作反應。

4. 可以有意圖及診斷取向的決定遊戲的輸贏。並對兒童的反應進行回應。亦即對於一個輸不起的兒童，在讓他贏了好幾回之後，可以試著讓他輸掉，然後觀察他的反應，並針對兒童的特質、情緒反應及關係，做出當下適切的回應。大致上會有以下幾種回應：

(1) 回應兒童過程的努力、心情。

(2) 鼓勵兒童繼續挑戰，但也考慮到兒童的能力與狀況。

(3) 同理兒童的感受、心情，引導兒童分享贏或輸的感受及想法。

「你剛才連續贏了四盤，而且在第二盤時，我才吃掉你六個子，你好厲害！輸一盤而已，來吧！再來一場！洗刷恥辱！」

「輸了！不過你很不服氣，想再和我大戰一場，而且一定要贏回去！」

「你說不玩了！不玩了！好像只要你一輸就不想玩了，但你記得嗎，你已經贏了四場了呢！要不要在挑戰一下啊！

5. 結束遊戲並給予回饋。主要可以針對兩部分給兒童回應，第一部分就是兒童在遊戲過程中遵守規則的行為；第二部分就是兒童遊戲過程或贏得勝利時的喜悅心情加以回饋。

「小明，我今天很高興你都是在遵守規則之下贏了這盤棋，很棒！」

「小明，你雖然知道就要輸了，可是你一點也沒有賴皮！輸得很光榮，我很欣賞你，況且你也贏了四盤啊！」

「小明，你告訴我贏棋和輸棋的感受有什麼不同？」

「當你輸了的時後，內心出現的想法是什麼？」

總之，期待治療師可以透過兒童感興趣的結構性活動中，因為治療師陪伴過程中，不管是輸是贏的結果，治療師都可以反映其感受，協助兒童在被了解及充分授與權力的情境中，學會遵守既定的規則及規範。

第八章
結構式遊戲治療的結束與結案

　　結構式遊戲治療的第三段主要是在進行此次遊戲單元的結束。每次遊戲單元的結束，也就是在為結案做準備，因此本章主要是介紹每次遊戲單元的結束，以及整個遊戲治療過程的結案。

第一節　結構式遊戲治療單元的結束

　　結構式遊戲治療的第三段其實是在為此次的遊戲單元作一個結束，在本書第二章第四節針對人際歷程理論運用在結構式遊戲治療的探討中，其實已說明結構式遊戲治療結束的做，就是在每次的遊戲單元結束前五到十分鐘，進行此次遊戲單元的歷程回顧。這樣的回顧也將結構式遊戲治療的三個段落串連相扣一起，亦即治療師將前面段落已建構的布偶客體、百寶盒中的物件、束口袋猜食物活動、兒童的創作作品等，來進行的歷程回顧或回饋。茲說明如下：

一、配合第一段落所建構的布偶客體

　　在進行結構式遊戲治療的第一個段落，治療師在場面建構時，就讓兒童選定一個客體物件，然後每次遊戲時間和兒童見面時，就以此客體（多半是布偶）與兒童打招呼。同樣地，也建議在進行遊戲單元結束時，治療師再運用此布偶客體進行歷程回顧，並以此布偶客體和兒童說再見（請對照第一章第二節和第二章第二節內容）。逐漸地也讓此種方式成為治療師

和兒童結束的儀式。以下提出兩個例子來說明。

　　1.將布偶客體當成一個第三者，進行見證技巧的結束。

　　「熊熊，你看小明今天玩的好開心，我告訴你喔！今天小明時間還沒到，就很開心的跑到遊戲室，他和我跟你打完招呼，就玩疊疊樂，他說要自我挑戰……。」（治療師拿著小熊布偶，同時對著小明和布偶說）

　　「熊熊你也覺得小明今天很專心的自我挑戰，你很欣賞及肯定喔！來我們給小明拍拍手。」（治療師拍手，同時也拍布偶的雙手）

　　2.兒童抱著或拿著布偶客體，告訴布偶客體今天遊戲的過程，治療師在旁補充、回饋。

　　「小明，來！讓你抱著熊熊，你來跟他說今天你玩了些什麼？哪個部分是你最想告訴熊熊的。」（治療師將小熊交給兒童）

　　「對！熊熊！今天小明真的跟以前不一樣喔！他趕上那個屋頂了喔！」（治療師在旁邊對著小明及布偶補充回饋）

二、配合第二段落自由遊戲中創作出來的作品來進行歷程回顧

　　在實務經驗中也經常在遊戲單元結束時，在將兒童創作的作品或物件放入百寶盒的過程中帶入歷程回顧，或是在進行「束口袋猜食物」活動時，兒童一邊享用治療師準備的食物，一邊進行歷程回顧。

(一) 治療師配合百寶盒活動進行歷程回顧

　　「小明，來！這是你今天的黏土作品，我們來把它放進百寶盒中。」

（小明將創作的作品放入百寶盒中）

「看到百寶盒中，有那麼多的物件你一定很開心。」

「我也要寫一張卡片給你，然後放進你的百寶盒。」（治療師開始寫回饋卡片）

「來！小明你看著我一下，今天你一進遊戲室，就說你要玩積木，然後……，又爬上那個你以前都不敢爬的屋頂，所以，我今天給你的回饋是『今天小明真的跟以前不一樣喔！小明很勇敢的爬上那個屋頂了喔！我要叫他勇敢的小飛俠』。」（治療師邊做歷程回顧，邊念回饋卡片給小明聽）

「來！我要把這個卡片放到百寶盒中。」（治療師將回饋卡片放入百寶盒中）

(二) 治療師配合「束口袋猜食物」活動進行歷程回顧

「嗯！你猜中數口袋中的東西了！沒錯！就是巧克力。」

「來！你要自己剝，還是我剝給你吃？」

「好，你自己剝，你一邊吃，一邊聽我講。今天看到你時間一到，就很開心的跑遊戲室，然後你就說要玩積木……後來又爬上娃娃屋的屋頂，真的很特別，因為你以前根本都不敢爬，所以，我要叫你勇敢的小飛俠。」

總之，每次遊戲單元的結束就是要跟兒童做歷程回顧，因為我們的對像是兒童，所以不要只是單純的以口語作回顧，而是要配合各種物件及活動，使整個歷程回顧更有趣味性。

第二節　結構式遊戲治療的結案過程

「好好的說再見」是一件重要的事情，每年的除夕、忘年會、每學期都會有結業式、畢業典禮、結訓典禮等活動，等都是在告別與說再見，結婚典禮是一個新關係的開始，也是一個舊關係的調整。以上這些活動、儀式或典禮，其目的之一就是要好好的說再見，告別一個舊的關係，邁向一個新的里程。

遊戲治療關係是一個親密、信任又深入互動的過程，遊戲治療的結束，可能觸及與早年分離、失落有關的情感經驗，若能好好的做好關係的結束，就是提供一種矯正性情感經驗，對兒童會很有幫助。

結案是從遊戲治療開始到結束的一個歷程，治療師要透過結案過程，提供兒童一個好好道再見的經驗。成功的結案是將整個遊戲治療過程做統整，此統整可以促進或加深兒童的改變，因此，結案是一個「過程」而非技術。從多年實務經驗中體會到，從見面的第一天就開始在為遊戲治療的結束做準備。本書一直強調要建構一個過渡客體、運用百寶盒留下各種正向經驗的物件，過程中的照相及留下兒童的作品等，都是在為結案做準備。

一、結案的準備工作

若遊戲治療的進行式在學校進行時，就會因為寒暑假、畢業或轉學的因素，而被迫結案或暫停。因此，建議在第一次見面進行場面建構時，就將這學期可以進行的時間、次數和兒童討論及確實告知。一般來說，學校在期初及期末都會比較忙，即使是開學之初就進行認輔，大概一學期最多也只能進行十到十五次的遊戲治療。若是在社區或非學校單位進行遊戲治療，則比較沒有這樣的限制。

以下就針對結案的原則即進行內容做說明。

(一) 進行結案的原則：在進行結案時要注意的幾個原則。

1.結案時間的預先告知：建議在結案前二到四週，就要告知兒童結案的時間。這樣才有可能處理因結案引起的失落經驗。若是在學校做遊戲治療，由於可能會有寒暑假、學校考試的因素影響，那就要在遊戲治療之初，就告知兒童這學期結案或暫停遊戲治療的時間。

「小明，不包括這次，我們還有3次就要結束了喔！」
「唉呀！好想可以再多玩幾次，可是我們在一開始就規劃好了，我們再3次就要結束喔！」

2.明確告知結案的時間：遊戲治療的重要精神是尊重與相信，因此，治療師是以一種誠懇、輕鬆的態度告知兒童結案的時間。

「小明，我要提醒你，這一次的遊戲時間進行完之後，我們剩下2次，在＿＿月＿＿日就要結束。」

表達的方式以肯定的直述句表達，不要以詢問的方式說「我們在幾月幾日要結束，好不好？」因為這是無法選擇，同時也是在場面建構時就已確定，所以是一個告知。

3.邀請當事人表達他內心的失望、難過、生氣等感受。若在告知結案過程，兒童出現負面的情緒反應時，治療師可以先同理其情緒，同時也以運用建構的布偶客體（可能是一個娃娃、小狗、小熊）來取替其失望的心情，這也是結構式遊戲治療的特色。

「就要結束遊戲時間了，你好失望喔！好想能繼續來遊戲。」

「不過沒關係，我們結束之後，小熊就可以跟你一起回去了喔！」

「小熊你跟小明回去之後，也要陪著小明讀書、寫功課和遊戲喔！」

4. 正視並接納當事人的感受：若兒童得知結案後的情緒反應是強烈且持續到下次的遊戲時間時，鼓勵治療師仍秉持著尊重與相信的態度，同理兒童的情緒，同時可以運用布偶客體、媒材或玩具，引導兒童將內在的情緒表達出來。

「好討厭！好討厭！人家就是想要繼續來嘛。」（治療師對著布偶客體，同理兒童的心情）

「小熊！你去安慰一下小明。」（治療師將小熊給兒童）

「你可以把你的心情告訴小熊，小熊接下來也會陪你回家，小熊好期待可以跟你回家。」

「小明，自從我提醒你剩下2次之後，你的心情就變的很不好。你可以將你的心情畫出來。」

5. 告知相關人員，如家長、轉介者或其他相關人員，若是在學校進行遊戲治療，更要告知兒童的導師。也鼓勵治療師在取得兒童同意的前提下，可以在最後一次運用遊戲小書或影片進行結案時，邀請這些相關人員出席。然後一起欣賞你為兒童製作的遊戲小書或影片。

(二) 結案的進行過程

前述提及結案是一個歷程，每次的遊戲單元都是在為結案做準備，本書所介紹的結構式遊戲治療中的第三段，就是在為結案做準備。有關結案的進行方式說明如下。

　　1.為結案而進行的活動：結構式遊戲治療中的第三段，也就是每次遊戲單元結束前，治療師進行遊戲單元歷程的回顧，或是進行一個有正向滋養功能的活動。在此簡單說明這些活動如何運用到結案。

　　2.運用過渡客體進行整個結構式遊戲治療的歷程回顧：如同本書前面有關過渡客體的介紹，在進行結案時，治療師會將這個過渡客體送給兒童，此時這個個過渡客體就將整個遊戲治療關係繼續延伸下去，也因為過渡客體的介入，使得此物件成為一個正向遊戲治療關係的象徵，而且這個個過渡客體是看得到、摸得到、感受得到的物件，也就是這個特性使得這個遊戲治療關係不會因為時間的久遠而淡忘，更重要的是若兒童跟這個過渡客體有正向的依附，這對於整個遊戲治療及結案的處理都有很正向的幫助。

　　3.運用束口袋猜食物活動配合百寶盒，進行整個遊戲單元的歷程回顧：猜束口袋食物這樣的一個活動不會佔用很多時間，但食物本身就具有滋養的功能，兒童都會很喜歡這樣的一個活動，若治療師再將這個活動建構成為每次遊戲單元結束前的儀式性活動，而且每次把兒童的創作作品、過程中拍攝的相片、你寫給兒童回饋見證的書籤、卡片，甚至束口袋中食物的包裝，如糖果紙、包裝袋、紙盒子，以及兒童本身自己喜歡或有意義的物件等等，都可以加以整理並放入百寶盒中或黏貼在遊戲小書上。然後在進行結案時，運用收納了這些物件的百寶盒或遊戲小書，跟兒童一起回顧整個遊戲的過程，並將具有正向滋養象徵的百寶盒或遊戲小書送給兒童，那這些物件也都會具產生類似過渡客體的功能，這對於整個遊戲治療效果及結案的處理，當然也會有很正向的幫助。

　　4.運用百寶盒及其收納的物件進行整個遊戲單元的歷程回顧：在看完前述的說明，就可以發現百寶盒中的物件可能會有治療師回饋的卡片、信件、小禮物、獎品或兒童的作品，也可能有兒童自己喜歡的物件等，所以

其內容會非常豐富的。治療師運用這些物件進行結案,然後讓兒童將這個百寶盒帶回家。此時,這個百寶盒當然也就充滿了正向的回憶及情感。

5. 遊戲小書的製作與回顧:本書一直建議在遊戲過程中要多照相,除了因這些相片就是製作遊戲小書的素材外,在運用具體的物件進行歷程的回顧才會產生功效。為達此目的,除了前述的幾種方式之外,遊戲小書就是一種最具體簡要的結案方式。因此,建議將每次遊戲時間最具代表性的相片,依時間序排序,並在每張相片旁邊做一個簡單的描述,最後一頁則是放入治療師寫給兒童的一封信。然後在最後一次的遊戲時間與兒童一起回顧。

因為影音的情感滲透性更強烈,除了紙本的遊戲小書之外,若能將這些相片檔案運用影音的多媒體程式,製作成一片有影像、音樂的影音檔,在結案時與兒童一起欣賞,其情感的感染與滲透更能使兒童畢生難忘。

上述的幾種結案方式,其共同的一個目標就是要讓兒童帶著正向的情感回憶結束,同時讓這些感受不會隨著時間的久遠而淡忘,反而是隨著時間的久遠,讓兒童看到這些物件時,其感受更深,就好像我們看著過去的相片,而緬懷一些友人般的深刻與感動。

國家圖書館出版品預行編目資料

結構式遊戲治療：接觸、遊戲與歷程回顧／鄭
如安著. -- 初版. -- 臺北市：五南圖書出
版股份有限公司, 2022.06
　　面；　公分
　ISBN 978-626-317-855-7（平裝）

1.CST: 遊戲治療

178.8　　　　　　　　　　111007449

1BIA

結構式遊戲治療——
接觸、遊戲與歷程回顧

作　　者 ― 鄭如安（382.5）

發 行 人 ― 楊榮川

總 經 理 ― 楊士清

總 編 輯 ― 楊秀麗

副總編輯 ― 王俐文

責任編輯 ― 金明芬

封面設計 ― 王麗娟

出 版 者 ― 五南圖書出版股份有限公司

地　　址：106台北市大安區和平東路二段339號4樓

電　　話：(02)2705-5066　　傳　真：(02)2706-6100

網　　址：https://www.wunan.com.tw

電子郵件：wunan@wunan.com.tw

劃撥帳號：01068953

戶　　名：五南圖書出版股份有限公司

法律顧問　林勝安律師事務所　林勝安律師

出版日期　2022年 6 月初版一刷

定　　價　新臺幣380元

經典永恆・名著常在

五十週年的獻禮——經典名著文庫

五南，五十年了，半個世紀，人生旅程的一大半，走過來了。

思索著，邁向百年的未來歷程，能為知識界、文化學術界作些什麼？

在速食文化的生態下，有什麼值得讓人雋永品味的？

歷代經典・當今名著，經過時間的洗禮，千錘百鍊，流傳至今，光芒耀人；

不僅使我們能領悟前人的智慧，同時也增深加廣我們思考的深度與視野。

我們決心投入巨資，有計畫的系統梳選，成立「經典名著文庫」，

希望收入古今中外思想性的、充滿睿智與獨見的經典、名著。

這是一項理想性的、永續性的巨大出版工程。

不在意讀者的眾寡，只考慮它的學術價值，力求完整展現先哲思想的軌跡；

為知識界開啟一片智慧之窗，營造一座百花綻放的世界文明公園，

任君遨遊、取菁吸蜜、嘉惠學子！